# 危機にある子育て環境

## 子どもの睡眠と低年齢化するゲーム・スマホ依存

鹿児島医療・社会・倫理研究会編
編著　増田　彰則

南日本新聞社

# 発刊にあたって

## 子どもたちをゲーム・スマホ依存から救うために

南風病院顧問（医師）　鹿島　友義

「鹿児島医療・社会・倫理研究会」は医師、教育や倫理・哲学の研究者、マスコミ、宗教界など、種々の職種の者で、医療のあり方に関心をもつ同志が集まって、医療と社会、倫理をめぐる諸問題について一緒に考えるとともに、市民にこの領域への関心を深めていただき、私たちも市民から学んでいこうという趣旨で結成された。

初めは医療倫理、医療と社会の関係等、たとえば、医療における自己決定権、社会的資本としての地域医療、高齢者医療、終末期医療のあり方等々、広範な領域の活動を行うつもりであった。しかし、２０１４（平成26）年の世話人会で、市民公開講座講演会のテーマを決めるに当たって世話人代表である増田彰則医師（心療内科クリニック開業）から最近の日常臨床で感じていることとして、青少年のゲーム・スマホ依存の深刻さをうかがい、この問題こそ、親世代を中心に学校、行政、市民全体を巻き込んだ運動に持っていくことが急務であると実感した。こうして私たちも学習していくほどに、日本の若者の将来と社会の健全な発展のためにどうにかしなければならないとの気持ちが高まり、私たちの研究会は活動を開始して以来、ずっとこの問題に取り組んできた。

この本は、「鹿児島医療・社会・倫理研究会」が行った第1回から第3回の市民公開講座の講演のなかで、演者の了解を得られたものについて改めて論文の形にしていただいたものである。公開講演会では、この領域の問題について全国的に発信しておられる大家の先生方による教育的な特別講演をいただき、得るところが大きかった。

また、中学生による夏休みの特別研究として行われた、日本と世界の子どもたちの睡眠時間と幸福感との関係に関する調査報告（日本の子どもたちの睡眠時間が短いこと、幸福と感じている子どもが少ないこと）、5人の子どもを抱え、多忙の中でも愛情を忘れずに精いっぱい育ててくれているという母親への感謝の気持ちをこめた母子家庭の高校生の報告なども感動を持って聞かせていただいた。またすでに、子どものゲーム・スマホ問題に取り組んでこられたいくつかの学校や行政などからの報告もうかがって、私たちも、公開講演会に集まっていただいた多くの保母さん、教師たち、そして若いご両親らとともに、勉強させていただいている。

こうして、ゲーム・スマホ依存に陥ってしまった子どもたちの治療、療育の困難さを感じるとともに、予防が急務であることを感じさせられている。これは子どもたちの問題ではなく、私たち大人の問題であり、不幸になるのは子どもたちである。過去の市民公開講座講演会に参加いただいた方々はもちろん、参加したことのない方々はいっそうのこと、この記録をお読みいただきたい。

ゲーム・スマホ依存の療育には、子ども、両親ともども、長く続く根気が必須である。何よりも予防が肝腎であり、予防するには大人の問題との自覚と家族ぐるみの対応が求められる。そしてまた学校、社会の責任も問われている。子どもたちの未来のために、今日から行動を起こしていただきたい。

こうした形で私たちの活動の一部を皆さま方にお届けできるのは、講演の内容をこの本のために再度文章化していただいた演者の先生方のおかげです。ここに「鹿児島医療・社会・倫理研究会」世話人一同、改めて深謝します。編集、出版でお世話になった方々にも感謝いたします。

「鹿児島医療・社会・倫理研究会」顧問

# 目次

## 子どもとネット・ゲーム・スマホ編

## 子どもと環境・睡眠・貧困編

## 睡眠とネット・ゲーム・スマホ関連記事



## 地域の取り組み

# 子どもとネット・ゲーム・スマホ編

# 1章　低年齢化するネット・ゲーム・スマホ依存と睡眠障害

増田　彰則（増田クリニック院長）

## はじめに

２０１８年厚生労働省研究班による中・高生を対象にした調査で93万人にネット・ゲーム依存が強く疑われ、２０１３年の調査に比べ倍増していることが分かった。ネットやスマホの過度の使用によって生活リズムが乱れ、健康や学業に支障をきたす子どもが増えており、医学的にも社会的にも重大な問題である。

２０１３年にはアメリカ精神医学会が診断と統計マニュアル（ＤＳＭ－５）で、インターネットゲーム障害を今後の研究のための病態として採用した。２０１８年に入り世界保健機関（ＷＨＯ）がゲーム障害を国際疾病分類（ＩＣＤ－11）に入れることを表明し、２０１９年５月に正式に決定した。やっと医学界も世界中で問題化しているネット・ゲーム・スマホ依存について病気として取り組むことに動き出した。今後、世界中で共通の診断基準を用いた調査、研究が進み、子どもの発達や精神面、行動面に与える影響が明らかになるとともに、依存症に対する治療と対策が進むことが期待される。

ここでは、子どものネット・ゲーム・スマホ依存症に関し、医療現場の実態を通して紹介する。さらに小・中・高校生を対象に調査した使用状況と睡眠の現状について報告し、その対策にも触れてみたい。

## 1. 医療現場の現状

当院は人口約60万人の鹿児島市にある心療内科クリニックである。受診する患者は、幼

(図1)当院での不登校とゲーム依存症の5年間の推移

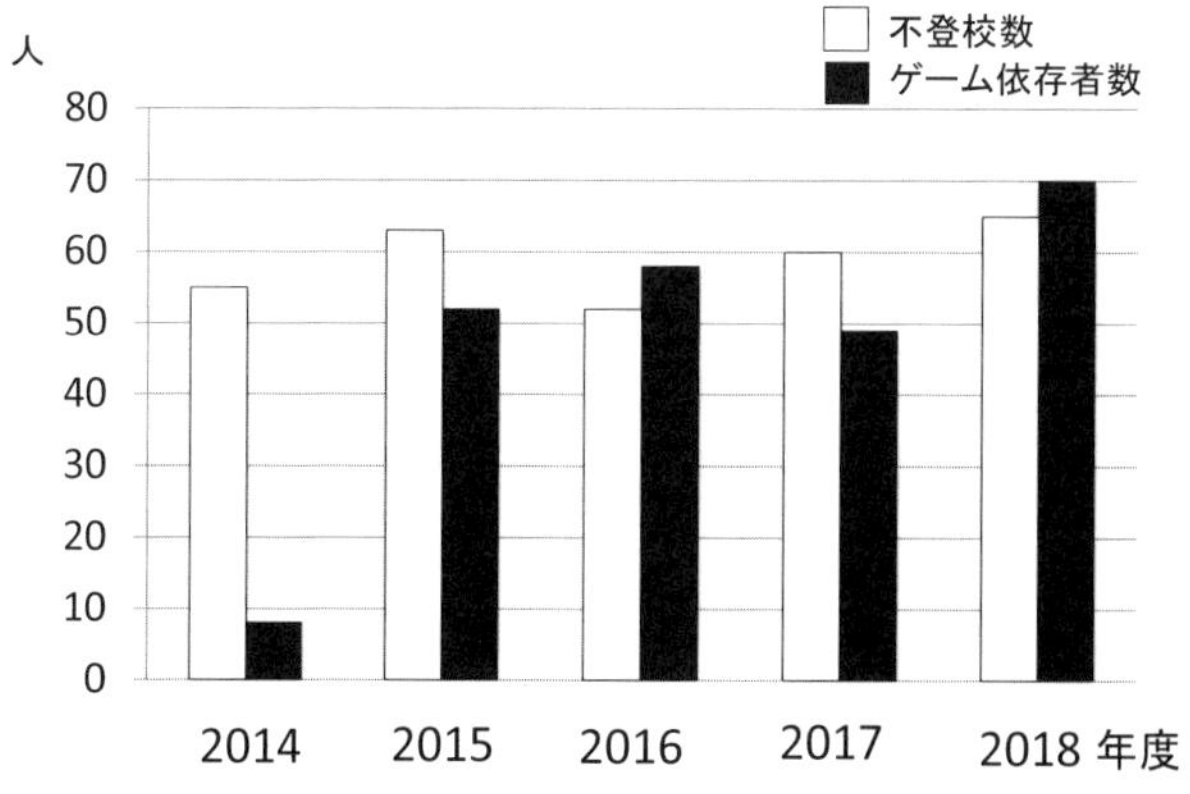

稚園児から後期高齢者まで幅広い世代にわたり、そのうち小・中・高校生の子どもが年間約250人受診する。最近5年間の実績によると不登校を主訴に毎年50人余り受診している（図1）。また、ゲーム・スマホ依存症は、2015（平成27）年から年間50人に及び、2018年は70人と増加した。不登校の原因の多くがゲームやスマホによる夜更かしであり、寝付きが悪い、朝が起きられないなど睡眠の問題を抱えている。中には、起きている時間のほとんどをゲームやスマホで過ごしているケースもある。

## （1）ゲーム依存症の中学生

A君は小学3年生までは友達も多く、外で遊ぶ活発な子どもであった。父親は大企業に勤めるエンジニアで、母親は近所の子どもに英語を教える教育熱心な家庭であった。小学4年生になってから中学受験のため進学塾に通いだした。有名私立中学校に多くの合格者を出す塾で成績がいい子どもが集まってきていた。負けず嫌いのA君は外遊びが減り、夜遅くまで勉強するようになった。成績は入塾した頃は振るわなかったが、5年生になると上位になってきた。親も頑張っていることを喜び、A君が欲しがっていたゲーム機を買い与えた。

父親は帰宅して夕食を済ませると長時間パソコンの前に座り、自身がゲームもしていたので、A君が勉強の合間にゲームをすることに不安や疑問は持っていなかった。

何事にも熱中してこだわりやすいA君は、またたく間にゲームにはまるようになり、小学6年生になると勉強よりゲームに夢中になりだした。心配した母親がゲームをする時間を決めて、それを守るように言っても聞く耳を持たなかった。父親が注意しても、A君の前でゲームをしていた父親に説得力はなかった。

自分の部屋にこもって深夜までゲームをするようになり、6年生の2学期頃から朝が起きられなくなり、遅刻することが増えた。塾の成績も下がりはじめ、運動会など学校行事にも興味を示さなくなった。休日に友達と遊ぶこともなく、ほとんどの時間を自分の部屋で過ごすようになった。中学受験の意欲もなくなり、6年生の3学期になると塾にも行かなくなった。

母親は何とかゲームをする時間を減らして私立中学校を受験させたいと考えていたが、それを言うと激しい口調で拒否して怒鳴り散らし暴言を吐くようになった。父親が注意しても反抗的態度をとるため説得できず、結局受験はしなかった。

公立中学校に入学し、4月は真新しい制服を着て登校していたが、5月の連休に入ると1ヶ月の緊張から解放されたのか、再びゲームにはまり夜更かしをするようになった。連休が明けてからも生活リズムは崩れたままで、深夜から明け方に寝て夕方起きる昼夜逆転の生活を続け、学校を休むようになった。

ゲーム以外のことに全く興味を示さなくなり、親がゲームを取り上げたり電源を切ると半狂乱になって暴言を吐いたり暴力をふるうことが、たびたびみられるようになった。学校のことを話題にすると大声で泣き叫び、こぶしで壁をたたいたり、頭を壁にぶつけて額から血を流すこともあった。そして、「ゲームをしている時以外は面白くない。自分の頭は駄目になった」と叫んで夜中にパニックをおこすようになった。

6月になると、毎晩のように夜中に大声で怒鳴ったり、壁を壊したり、椅子を投げて窓ガラスを割ったりして手がつけられなくなった。危険を感じた父親が警察を呼んだ。3人の警察官がかけつけたが、興奮はおさまらず、自傷や他人に危害を加える危険があるとの判断で精神科病院に救急搬送され入院となった。

## (2) ゲーム依存症の子どもの脳に何が起こっているのか

A君の症状は、明らかにゲーム依存症にみられる脳の興奮と禁断症状である。アルコール依存症の患者が断酒すると一時的に興奮したり、イライラして周囲に攻撃的になるなど精神運動興奮がみられることがあるが、ネットやゲーム依存症の子どもでも周囲がやめさせようとすると同じような症状と問題行動がみられる。

A君のように精神的混乱や破壊的行動を引き起こす原因はどこにあるのか、これまでの研究から考えてみる。

1998年、イギリス・ロンドンの研究者が科学雑誌『ネイチャー』にテレビゲームをしている時の脳内変化を報告した。50分間テレビゲームをしている間の脳の変化をPET(陽電子放射断層撮影)で調べたところ、興奮ホルモンであるドーパミンが線条体で約2倍増加しており、この増加は覚せい剤を使用した時と変わらないことが分かった(＊1)。線条体は大脳基底核の主要構成要素のひとつで、運動機能への関与と依存や快楽、興奮に関わっている部位である。

また、14歳以下のゲーム依存症の子ども154人の脳の分析をしたところ、線条体が肥大していることが分かった。麻薬中毒患者でも肥大することが分かっており、ゲーム依存症の脳は麻薬中毒の脳に似ていることが示された(＊2)。

その後の研究から依存症患者では、感情処理や意志決定などを司《つかさど》る白質神経線維の損傷(＊3)、衝動性のコントロールに関連する前頭葉眼窩《がんか》前頭皮質の異常、恐怖や攻撃性をコントロールする前頭葉の活動性が低下して暴力を振るいやすくなる(＊4)ことが報告されている。これらの報告はゲーム依存が長期間続くと脳に器質的な変化がおこることを示している。

## （3）インターネットゲーム障害の診断と依存症の国際比較

２０１３年アメリカ精神医学会はＤＳＭ－５で新しい病態として「インターネットゲーム障害」（以下ネット・ゲーム依存症）を採用した。ネットやゲームに夢中になって利用する時間が増える、やめようと思ってもやめられない、しすぎるのは悪いと分かっていても続けてしまう、取り上げられるとイライラする、など9項目のうち5項目以上を満たす場合にインターネットゲーム障害とした（表1）。

また２０１９年5月、世界保健機関（ＷＨＯ）は国際疾病分類（ＩＣＤ－11）に「ゲーム障害」として追加することを決定した。ゲームに過度に執着することにより家庭や学校、職場での生活に支障をきたし、それが少なくとも12ヶ月間続く場合を診断基準としている。

（表1）インターネットゲーム障害（DSM-5）

| |
|---|
| 1）ネット・ゲームに夢中になっている。 |
| 2）取り上げられたとき切れたり、暴言や暴力が出る。 |
| 3）ネット・ゲームをする時間が増えていく。 |
| 4）やめようと思ってもやめられない。 |
| 5）ネット・ゲーム以外のことに関心がない。 |
| 6）しすぎると悪いと分かっていても続けてしまう。 |
| 7）していることについて嘘をついたことがある。 |
| 8）嫌なことを忘れる（逃げる）ためにしてしまう。 |
| 9）学校、友人関係など失ったりしたことがある。 |

＊過去1年の間に上記項目のうち5項目あるいはそれ以上当てはまるとインターネットゲーム障害と診断する。

総務省の2014年情報通信白書によると、ネット依存傾向の国際比較で依存傾向ありの割合は日本8・2％、アメリカ14・8％、韓国8・9％、フランス5・3％であった。各国共通して10～20代の依存傾向の割合が高く、日本は13・1％、アメリカ21・5％、韓国14・6％、フランス7・6％であった。中国では、2010年の調査で6歳から29歳までの青少年に占めるネット・ゲーム依存症の割合は14・1％で、都市部の青少年の2400万人が依存症と推定されると報告した（＊5）。

先進国の青少年の8％から20％が依存症と推計されることから、ネット・ゲーム依存症はWHOも指摘しているように世界的規模で取り組む重要な問題になってきている。

## （4）ネット・ゲーム依存症の症状

身体にあらわれる症状として、ブルーライトを長時間あびることによる眼精疲労や視力低下、運動不足による肩こりや腰痛、頭痛、肥満がある。また、食生活の乱れから栄養の偏り、骨密度の低下、さらに長時間同じ姿勢で座り続けることが原因で起こるエコノミー症候群がある。

精神面にあらわれる症状では、感情のコントロールができずイライラして攻撃的になる。親や周囲がやめさせようとすると反発して暴言を吐いたり、物に当たったり、暴力をふるうことがある。深夜までゲームをしたり、布団の中に持ち込むようになると寝付きが悪くなり、悪夢をみる頻度が増え、睡眠の質が悪くなる。

ゲームをしている時は生き生きして元気であるが、していない時は生気がなく無気力・無感動で他のことに興味を示さなくなる。また、思考能力や記憶力が低下し、話しがかみ合わないことも多い。睡眠不足や心身の疲労からうつ状態になったり、引きこもりになる例もある。

依存状態が長期間続くと、現実とゲームの世界の境界が分からず混乱したり、感情を理性でコントロールすることができず衝動的になり、他者を攻撃して傷つけたりすることがある。そして、精神的混乱や人格破壊まで進むことがある。

社会生活面では生活リズムの乱れが問題となり、昼夜逆転の生活から遅刻や欠席、授業中の居眠りが増えて成績が低下したり、留年や退学に至ることもある。外出することが少なくなり、友人や周囲との交流を避け、人間関係が希薄化し関係が悪化することもある。家庭内では親子関係が険悪となり、家庭崩壊に至ることもある。

### (5) ネット・ゲーム依存症の治療

依存症に対する外来治療は、まず家族と本人に依存症の病態を説明し治療への動機づけを行う。その際のポイントは、麻薬やギャンブルのようにゲームにも依存性があり、やめられなくなる危険性があることを理解させる。

治療を継続的に続けるには、依存症になった背景を分析した上で、それに見合った対応が重要である。心理カウンセリングや認知行動療法、家族療法を含めた多面的な治療が必要である。

まず、臨床心理士によるカウンセリングを通して学校でいじめにあっていないか、先生や友達関係にストレスを抱えていないか、つらいことやイライラすることを吐き出せずに我慢していないか、など心理・社会的因子について傾聴することが求められる。

具体的には認知行動療法の技法を用いて①ネット・ゲームをする時間を決める②夜9時までに電源を切って親に預ける③ベッド内にスマホやゲームを持ち込まない—と決めて取り組む。取り組む項目を書いた表を家族全員が見える場所に貼り、毎日実行できたかチェックする。1週間実行できたら家族全員で賞賛し、褒美をあげることでその後も実行できるよう強化していく。この際、褒美のあげ方が大切であり、子どもの要求することをそのままますべて満たしてあげるのは良くない。親の考えも含めて子どもと話し合って決めることが重要である。

さらに治療を継続させるために家族の共通した理解と家族全員で取り組む姿勢が大切である。

ネット・ゲーム依存症になりやすい子どもの特徴として、幼い頃から愛情不足で育った子どもや過保護な養育が関係していることが分かっている。また、こだわりが強く、興味あることには集中する傾向を持つ発達障害の子どもは依存症になりやすい。そこで、両親に家族療法への参加を促して、子どもに愛情と関心を持って向かい合うように指導する。家庭では、一家団らんで一日の出来事や学校で勉強したこと、友達と遊んだことなど話し合う時間をつくることが依存症の予防に効果がある。

休日には家族で出かけて自然に触れることの楽しさを経験させる。友達との外遊びをとおしてコミュニケーションの練習や友達をつくる経験をさせる。

両親の不和による家庭内の緊張が続いていたり、親からのネグレクトや暴言、暴力など虐待を受け、安心できる居場所が見つからず、ゲームやスマホにのめり込むこともある。また、親の離婚や別居、単身赴任、死別などによる一人親家庭では、経済的理由で親が遅くまで働き、子どもが一人で過ごす時間が多く、その時間をゲームやスマホで過ごしているケースがよくみられる。

## (6) 当院での治療とその結果

2015年から3年間の当院の治療成績について報告する。ネット・ゲーム依存症の診断は、DSM－5の基準を用いた。

受診した小・中・高生714人のうちネット・ゲーム依存症が154人（22％）、睡眠障害364人（51％）、不登校は274人（38％）であった。

依存症の子どもにゲームやスマホをする時間を決めて取り組むよう指導してもなかなか実行できない。親が注意してもやめないため、強制的にコンセントを抜いたり電源を切ると、強く反発し暴言や暴力を誘発して親子関係まで悪化することがある。中には親どうしが相手を批判して責めるため、夫婦関係が破綻《はたん》して別居や離婚にまで発展した例もある。

家庭内の緊張や動揺が続き、子どもが反発してネットやゲームにさらに夢中になり、受診を勧めても拒否して通院しなくなるケースが多い。

当院での3年間の実績では、ネット・ゲーム依存症と診断された患者154人中115人（75％）は5回以下の通院で終わっている。10回以上通院したケースは31人（20％）であることから、外来での継続的な治療は難しいことが分かる（表2）。

（表2）154例の治療の結果

| 通院回 | 人数（％） | 改善例 |
|---|---|---|
| 1―2回 | 60人（39％） | 不明 |
| 3―5回 | 55　（36） | 不明 |
| 6―9回 | 8　（5） | なし、不明 |
| 10回以上 | 31　（20） | 18例 |

治療が難しい理由は、依存症の子どもの多くは自分が病気であることを認めないため受診に拒否的だからである。渋々受診したとしても、治療者を親と共謀して自分からネットやゲームを奪おうとする敵とみなすため、通院を拒否することがあげられる。

10回以上通院を継続した31人に薬物療法と心理カウンセリング、認知行動療法、家族療法を併用したところ、完全ではないが依存状態から抜け出し、学校への登校や日常生活が普通にできるようになったケースは18例であった。依存症154例中わずか12％であり予後は悪い。

改善したケースに共通しているのは、家族が子どもとともに辛抱強く治療に参加したことである。親が一方的に責めたり、強制的に取り上げることはしないで、子どもの訴えを傾聴するようになっていた。その結果、今までになかった親子の対話が増え、子どもにとって安心できる居場所ができていた。また、ネット・ゲーム以外に勉強や進路、部活、趣味や友達との交流など目標が見つかったことも大きい。

154例の中に家族に危害を加えたり、パニックや精神的混乱をきたして家庭で生活することが難しい重症例が10例（6％）あった。昼夜逆転して昼間は寝て、夜は明け方までゲームやネットを続けており、家族を含め周囲は対応に困り果てている。入院治療の適用となるが、外来通院以上に拒否反応が強く、治療を受けないまま遷延化《せんえんか》し引きこもりに陥っている。

治療を中断したケースの経過・予後は不明である。この中にも不登校や引きこもりになっているケースが多く、将来問題が表面化する可能性がある。

## 2. 小・中・高生の実態調査

心療内科を受診するネット・ゲーム依存症の実態を報告したが、治療はアルコールや薬物、ギャンブル依存症と同様に難しく予後も悪い。

病院を受診する子どもへの対応では遅く、依存症にしないための予防が重要となる。そのためには、現在の子どもの実態を調査したうえで対策を立てることが求められる。

そこで、われわれは2016年10月～11月に鹿児島県内の小・中・高生の8680人（小学生4062人、中学生2896人、高校生1722人）を対象にネット・ゲーム・スマホの使用状況と睡眠についてアンケート調査を実施した。

### (1) ネット・ゲーム・スマホの長時間使用の実態

小学生から高校生のネット・ゲームを2時間以上している割合について図2に示した。

（図2）ネット・ゲームを2時間以上している割合

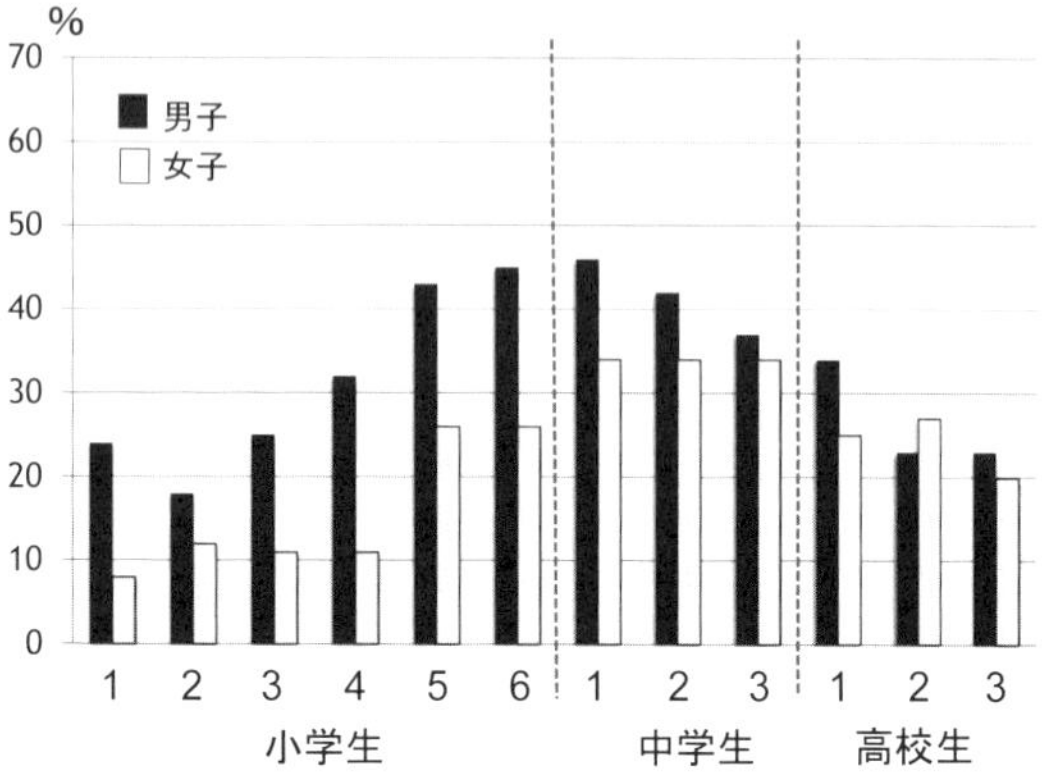


（図3）スマホを2時間以上する割合（%）

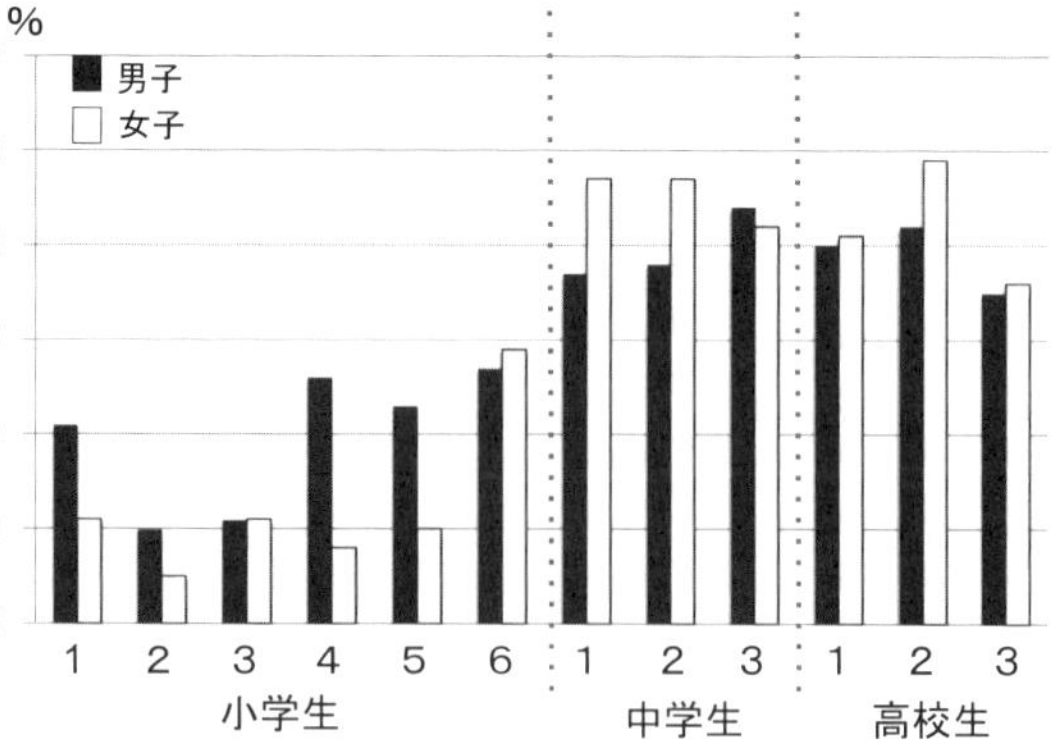


小学生では1年生から3年生の低学年で男子が約20%で、女子の10%に比べて多かった。高学年では5年生から増えて男子は40%を超え、女子は25%であった。中学生になると、男子では学年が上がるにつれて45%から35%に下がっている。女子では33%と学年に関係ない。高校生ではさらに下がり、20%台であった。

スマホを2時間以上している割合は、ネット・ゲームと同じく小学4年生から6年生の高学年で男子が20％を超え、女子では6年生から急に28％と増えている（図3）。中学生、高校生になると40％の生徒がスマホを2時間以上している。特に中学生から女子の割合が高くなるのが特徴である。

## （2）依存症の実態

ＤＳＭ－５によるインターネットゲーム障害の診断基準を用いて調査したところ、ネット・ゲーム依存症の増加と低年齢化が、急速に進行している実態が明らかになった。

依存症が疑われる生徒の割合を図４に示した。男子中学生15％、高校生16％で、女子は中学生15％、高校生20％であった（＊6）。２０１８年度の厚労省研究班の調査では、男子の中学生11％、高校生13％、女子は中学生14％、高校生19％であり、鹿児島県内の依存症がやや高い傾向が見られた。

（図4）インターネットゲーム障害疑いの割合（％）

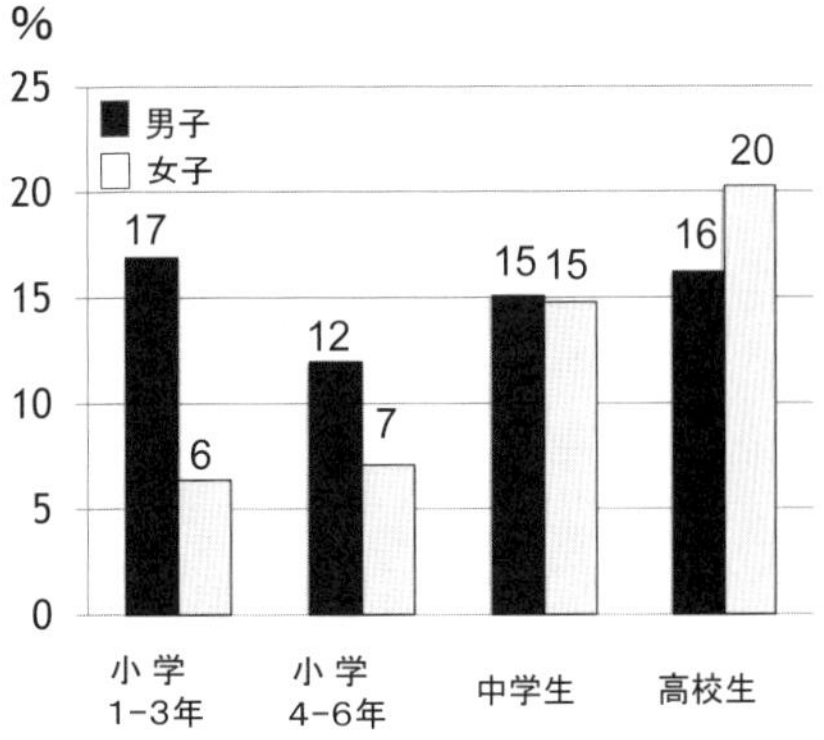


鹿児島県内の学校で小学生も対象に入れた調査結果から二つの特徴が浮かび上がった。一つは小学校低学年の男子が17％と高く、小学校高学年と中学生の割合を上回ったこと。

もう一つは、高校生になると女子が20％で男子の16％を上回ったことである。

厚労省の調査に小学生についての報告がなく比較できないが、小学校低学年で17％の依存症がいることは、それより低い年齢の幼稚園、保育園の頃からネットやゲームを長時間していることが推察される。そして、この子どもたちが将来の依存症予備軍となっている可能性が高い。

高校生女子の20％に依存症が疑われる結果が出たが、厚労省の調査では19％であり、鹿児島県で調査した結果とほぼ同じであった。高校生女子で依存症が増えているのは、スマホによるＳＮＳ（Social Networking Service）の使用時間が増えているためと考えられる。男子よりも女子が友達関係に神経をすり減らし、ＳＮＳで繋《つな》がりを求めている傾向が高いことがうかがえる。高校生女子の２割が依存症疑いであることがわかったが、この世代が将来子育てする時にメディアで子育てする予備軍になる可能性が高い。

### (3) スマホが乳幼児に与える影響

２０１７（平成29）年、０歳から３歳までの乳幼児の母親を対象にした調査によると、スマホを毎日使わせていると答えた割合が２割を超えた（＊７）。外出先での待ち時間や子どもが騒ぐ時、子どもが使いたがる時に使わせていると答えている。

スマホから発せられる強烈な人工の光や機械音に乳幼児は興味を示しておとなしくなるため、母親にとっては便利で役立つ物であるが、乳幼児の未成熟な脳に与える刺激が強く、脳の神経回路網の発達に悪影響を与える可能性が高い。

また、母親がスマホに熱中するあまり、子どもが泣いてもそれに応答することが不足したり、授乳中や離乳食をあげている時にスマホに視線を向けて乳幼児とのアイコンタクトが不足すると、不安を与え愛着形成に問題がおこる。

スマホの使用が子どもの認知機能を低下させ、長時間使用している子どもの学力は低いことが報告されている（＊8）。また、勉強したあとスマホを長時間すると知識が脳に残らず成績は下がることも分かっており、勉強や宿題をしたあと褒美にゲームやスマホをさせることは良い結果を生まないことになる。

## （4）小・中・高生の睡眠の実態

子どもの睡眠について調査した結果、22時以降に寝る小

（図5）鹿児島市の小学生で22時以降に寝る割合（%）

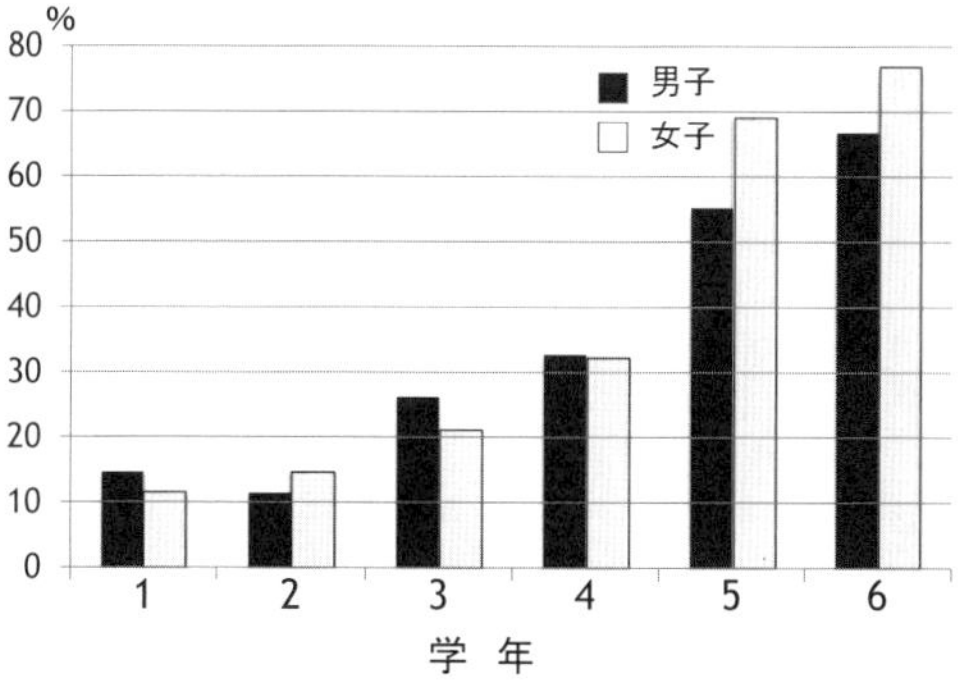

学生の割合は、低学年で20％以下であった（図5）。ところが小学5年生から急増し、男子55％、女子69％、6年生では男子66％、女子76％で、女子が遅くまで起きている割合が高い。この結果から小学4年生までに睡眠についての躾《しつけ》をすることが重要であることが分かる。

中・高生では深夜0時以降に寝る割合が中学3年生から増加して、男子では50％、女子で60％、高校生では1、2年生が55％、3年生が67％であった（図6）。

睡眠の内容については、寝付きが悪いと答えた割合は小学生で45％、中学生32％、高

（図6）中学・高校生の夜0時以降に寝る割合（％）

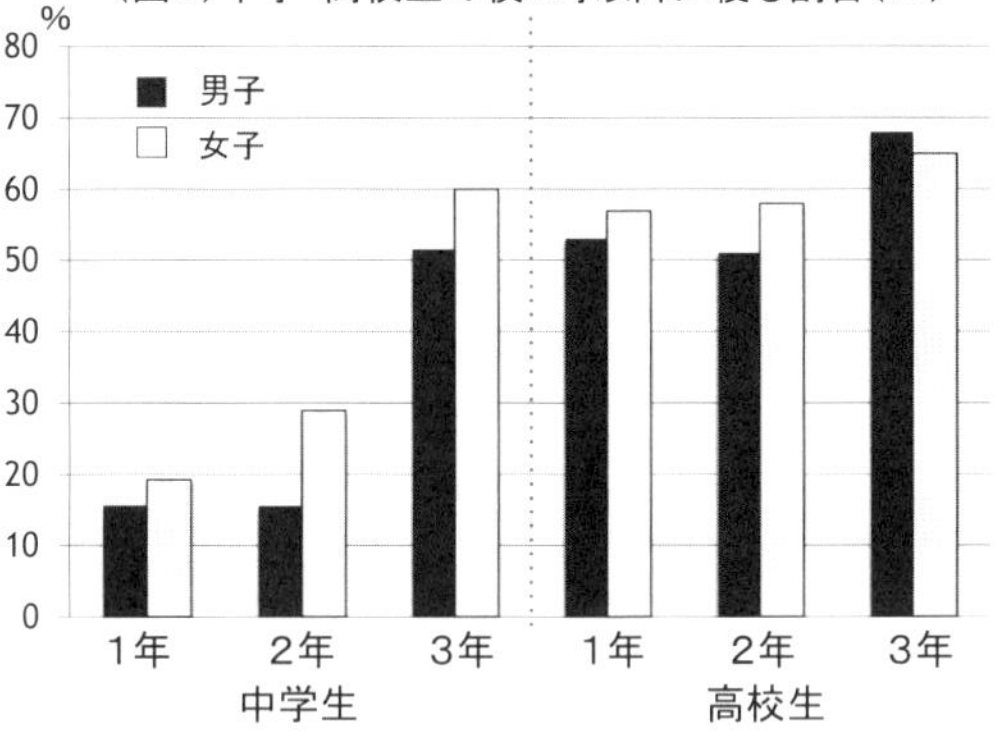


（表3）小・中・高生の睡眠状況（％）

| | 就寝時間 | | 睡眠の状況 | | | |
|---|---|---|---|---|---|---|
| | 22時以降 | 0時以降 | 入眠障害 | 熟睡感がない | 朝だるい | 昼間眠い |
| 小学1年 | 12 | | 27 | 28 | 36 | 16 |
| 2 | 18 | | 49 | 37 | 36 | 15 |
| 3 | 28 | | 46 | 38 | 31 | 14 |
| 4 | 37 | | 45 | 34 | 33 | 13 |
| 5 | 56 | | 46 | 36 | 33 | 18 |
| 6 | 71 | | 40 | 41 | 32 | 21 |
| 中学1年 | | 13 | 27 | 45 | 44 | 30 |
| 2 | | 22 | 34 | 48 | 48 | 39 |
| 3 | | 49 | 34 | 55 | 55 | 44 |
| 高校1年 | | 55 | 22 | 64 | 59 | 66 |
| 2 | | 54 | 29 | 60 | 54 | 61 |
| 3 | | 67 | 27 | 63 | 53 | 63 |

校生26％であり、小学生の割合が高かった。一方、熟睡感がない、朝だるくて起き上がれない、昼間眠たい、と答えた割合は小学生に比べて中・高生が高かった（表3）。

２００４（平成16）年〜２００５年に実施された全国の中・高生を対象にした調査によると、なかなか寝付かれないと答えた割合は14・8％で、大人の8・3％より高い数値を示したと報告された（＊９）。今回のわれわれの調査では、中・高生で平均29％と、この10年余りの間で倍以上に増加している。驚くべきことは、小学生の４割余りが寝付きが悪いと答えたことである。

さらに、怖い夢をよくみると答えた割合は小学校低学年で高く、特に男子では18％と最も高かったことが注目される（図７）。小学校低学年の子ども、特に男子の睡眠が質・量ともに悪いことが分かった。

## (５) 睡眠不足が子どもに与える影響

日本人の睡眠時間は、乳幼児から大人まで世界で最も短いと言われている。最近の調査によると、大人の平均睡眠

（図7）怖い夢をみる割合

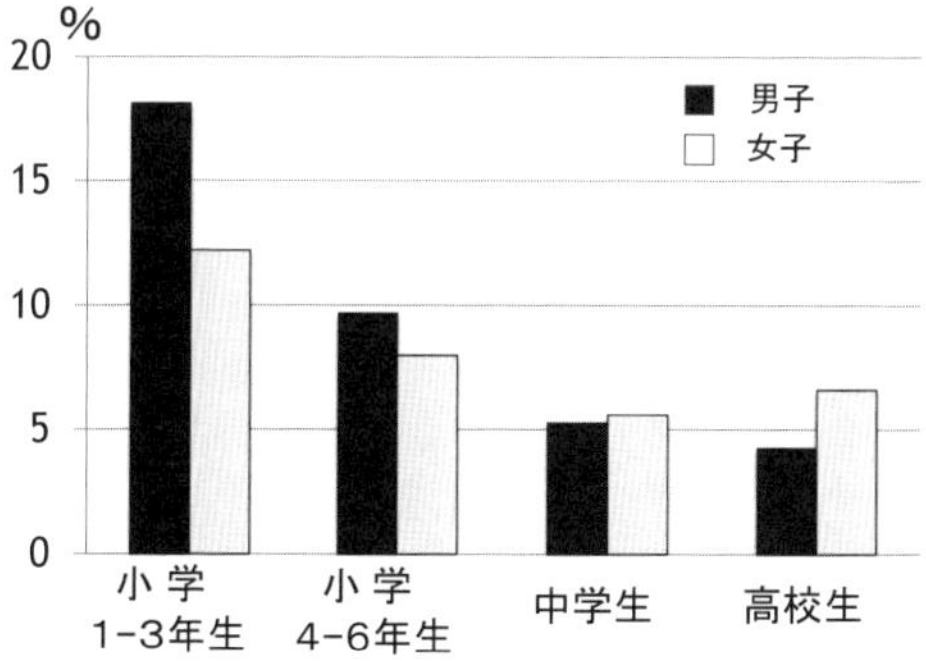

時間は日本では約6・5時間でフランスの8・7時間、アメリカの7・5時間に比べて際立って短い。大人が寝ないため乳幼児まで短くなっており、就寝時間が22時以降の割合は半数を超えている。睡眠時間もそれに伴い短く、11・5時間で西欧に比較して約1・5時間短い（図8）。

睡眠不足になると脳の血流量が減少することが指摘されており、このことが集中力や学習能力を低下させ、感情コントロールができずイライラして切れやすくなったり、意欲・気力の低下につながっている可能性が高い。また、自律神経の調節障害や低体温による朝の体調不良もおこる。

子どもにとって睡眠は、体の疲れをとるだけでなく脳の疲れをとり、脳の働きを回復させる。また、昼間に学んだ知識が整理され記憶される時間であり、体が成長する時間でもある。

乳幼児では、寝ている時に脳の神経回路網が構築され脳が成熟する。そして、記憶を司《つかさど》る脳の海馬が

（図8）3歳以下の乳幼児の1日の総睡眠時間の国際比較

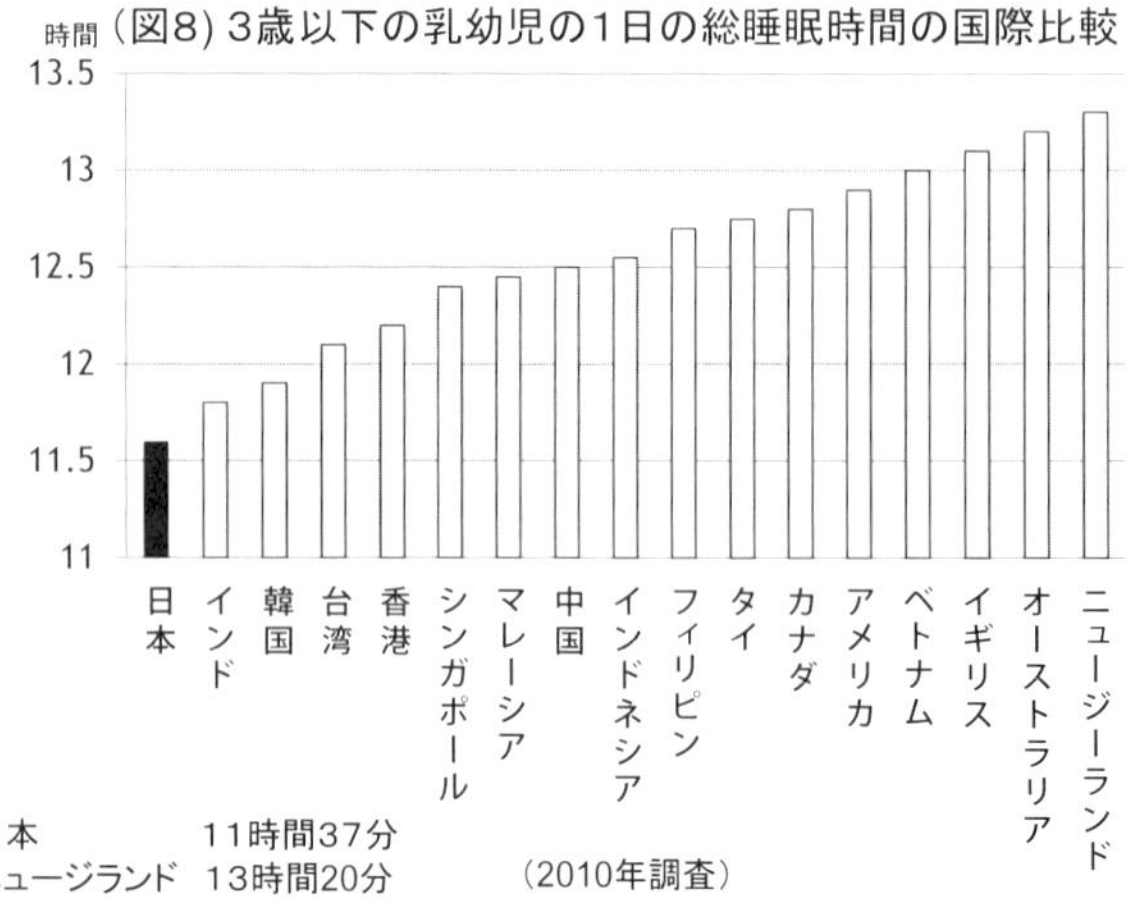


日本　11時間37分
ニュージーランド　13時間20分　（2010年調査）

成長し、昼間に消費された神経伝達物質が補充されて脳の働きを回復させる時間でもある（＊10）。特に子どもにとっての睡眠は、大人以上に重要な時間であり、少なくとも小学生は9時間、中・高生は8時間の睡眠時間が必要である。

最近の子どもたちは部活や塾、習い事で帰宅が遅くなったり、テレビやネット・ゲーム・スマホなど夜更かしの材料には事欠かない。このような環境に置かれた子どもに十分な睡眠時間を確保させるのは難しいと、大人が諦めたらいけない。睡眠こそ子どもの健全な発育と発達に大切な時間であると認識して、社会全体で対策を立てることが求められる。

大人の時間に比べてゆっくり流れる「子ども時間」の中で、子ども特有の好奇心や冒険心を育み、集団で群がって遊ぶ体験をさせることが肝要である。

## 3. ネット・ゲーム依存と睡眠障害

### （1）ネット・ゲーム・スマホ依存が睡眠に及ぼす影響

子どもの睡眠障害の原因についてネット・ゲーム・スマホ依存の関係から調べた。表4に示すように、依存症の子どもは小・中・高生とも寝付きが悪い、怖い夢をよくみると答えた割合が統計学的に有意に高い。しかも学年が下がるほどそれらの割合は高いのが特徴

（表4）ネット・ゲーム依存と睡眠の関係（％）

| | 寝つきが悪い | 朝だるい | 昼間眠い | 怖い夢をみる |
|---|---|---|---|---|
| （小学生） | | | | |
| 依存あり | 57** | 59** | 35* | 21** |
| なし | 38 | 27 | 12 | 10 |
| （中学生） | | | | |
| 依存あり | 50** | 68** | 63* | 12** |
| なし | 27 | 42 | 29 | 3 |
| （高校生） | | | | |
| 依存あり | 30* | 70** | 78** | 10* |
| なし | 22 | 49 | 55 | 5 |

χ2 検定にて　** P<0.001　危険率0.1％以下で有意差あり
　　　　　　　*P<0.01　危険率1％以下で有意差あり

である。寝付きが悪い割合は、依存症の子どもで高校生の30％に比べ小学生では57％と高かった。また、怖い夢をよくみる割合も高校生の10％に比べ、小学生では21％と2倍高かった。

朝だるくて起き上がれない、昼間眠気があると答えた割合も依存症の子どもでは有意に高く、この2つの項目に関しては、小学生に比べて中・高生の依存症で高かった。

この結果から小・中・高生の睡眠障害の原因として、ネット・ゲーム依存が関係していることが分かる。そして依存症が子どもの睡眠に与える影響は、小学生と中・高生で違うことが推察される。すなわち、小学生では寝付きが悪く、怖い夢をよくみるなど睡眠の質に影響が出ており、中・高生では夜更かしによる睡眠時間の不足から朝のだるさや昼間の眠気に影響している。

アメリカの大学の調査で、8～17歳の子ども234人の保護者を対象にテレビ、ゲーム、スマホの使用時間と睡眠時間について調べたところ、寝る時にテレビを見たりゲームやスマホをする子どもは、しない子どもに比べて睡眠時間が1時間短く、さらに寝付きが悪い、寝てもすぐに目が覚めることが多い、など睡眠の質に悪影響を及ぼしていた（＊11）。また、朝がだるく、朝食をとらない傾向もみられた。これらの結果から、子どもにネットやゲーム、スマホが浸透していくほど睡眠が妨げられるのは確実で、家族全員で寝る1時間前には電子機器の電源を切るように勧めている。

## (2) 就寝時間との関係

小学生を対象に就寝時間とネット・ゲーム依存症との関係について調査した。図9に示すように就寝時間が遅くなるほど依存症の子どもが増える。特に深夜0時以降に寝る子どもの4割は依存症が疑われ、5割はゲームを取り上げられるとイライラすると答えている（図10）。

ベッドの中でゲームやスマホをする割合も、夜11時以降に寝る子どもで2割にのぼる（図11）。深夜0時以降に寝る子どもの3割は、ゲーム以外のこと

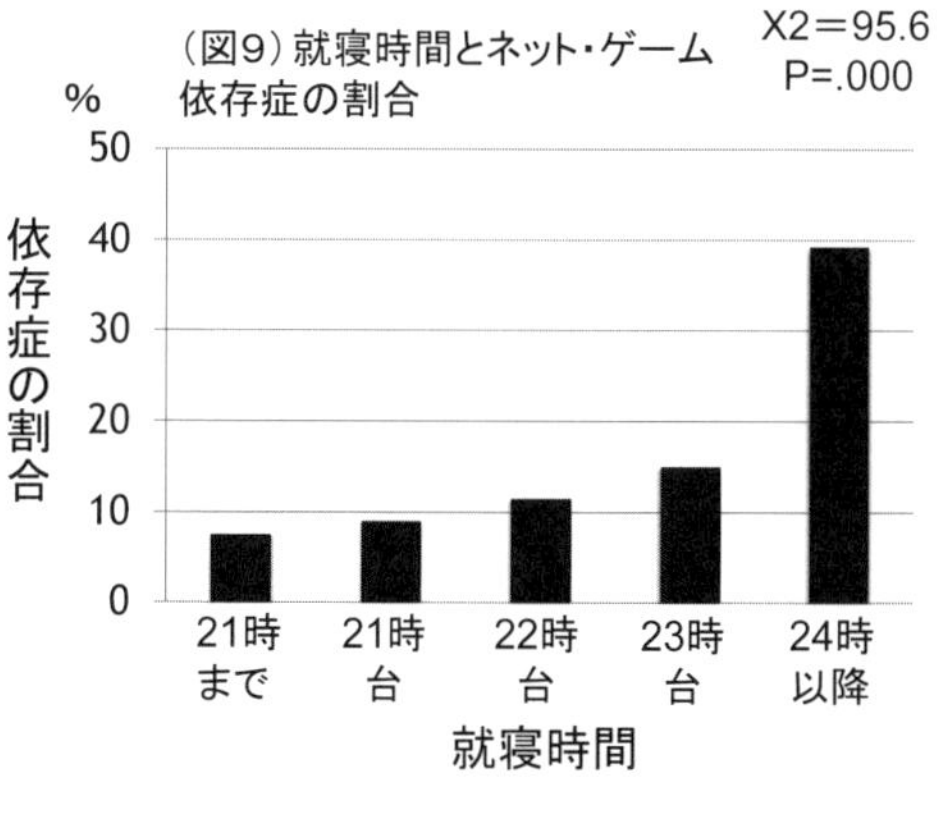

に興味がわかないと答えていることも分かった。

　これらの結果から、小学生で0時以降に寝ている子どもの半数はゲーム依存症が強く疑われる。

　就寝時間と勉強について調査したところ、夜9時までに寝る子どもの6割は勉強が好きだと答えた（図12）。そして就寝時間が遅くなるにつれて、この割合は低くなり、夜11時以降に寝る子どもでは10％以下であった。

　小学生では夜9時までにベッドに入ることが推奨されるが、早寝している子どもは生活リズムが

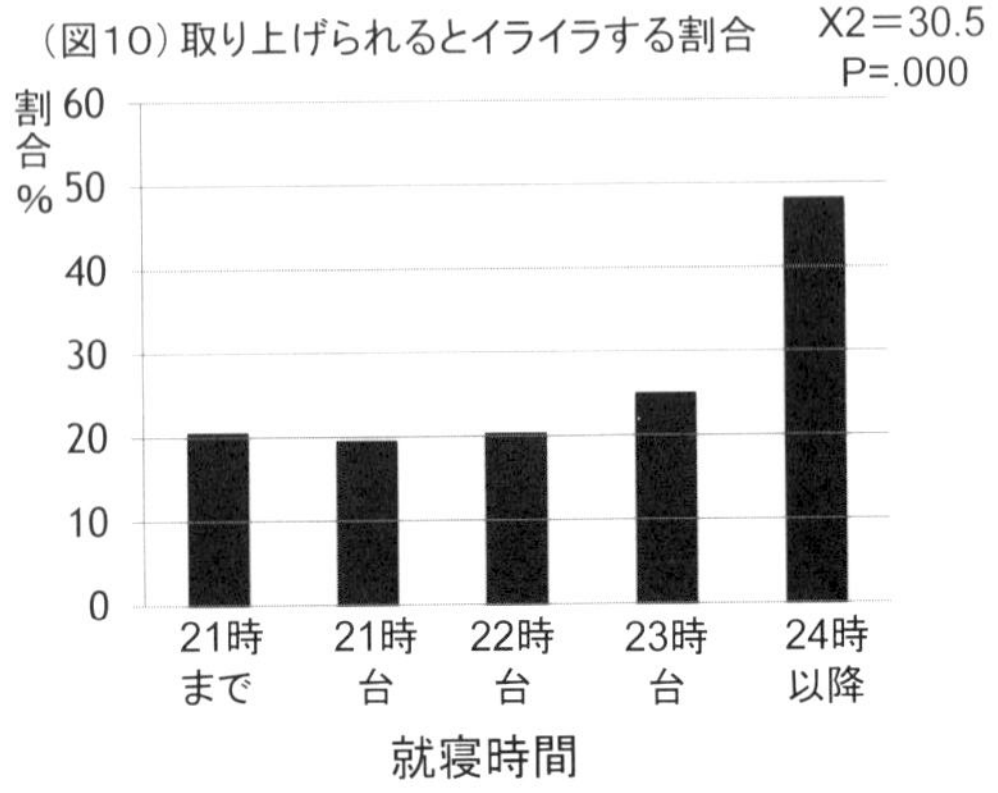


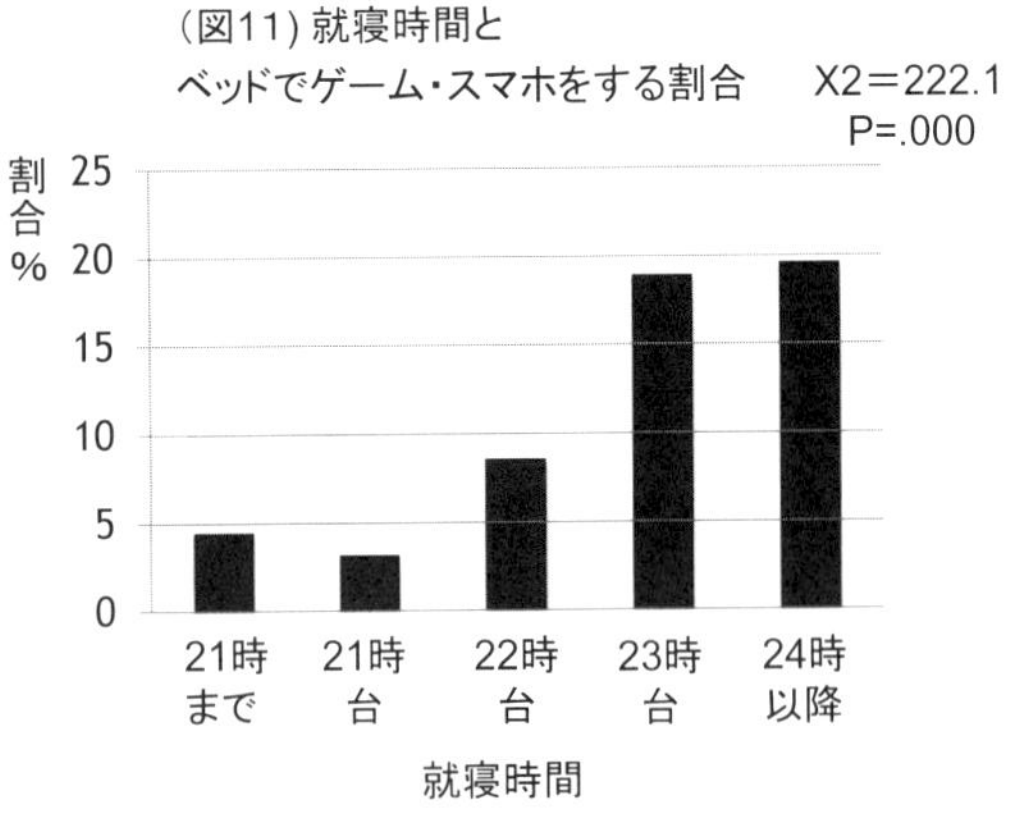

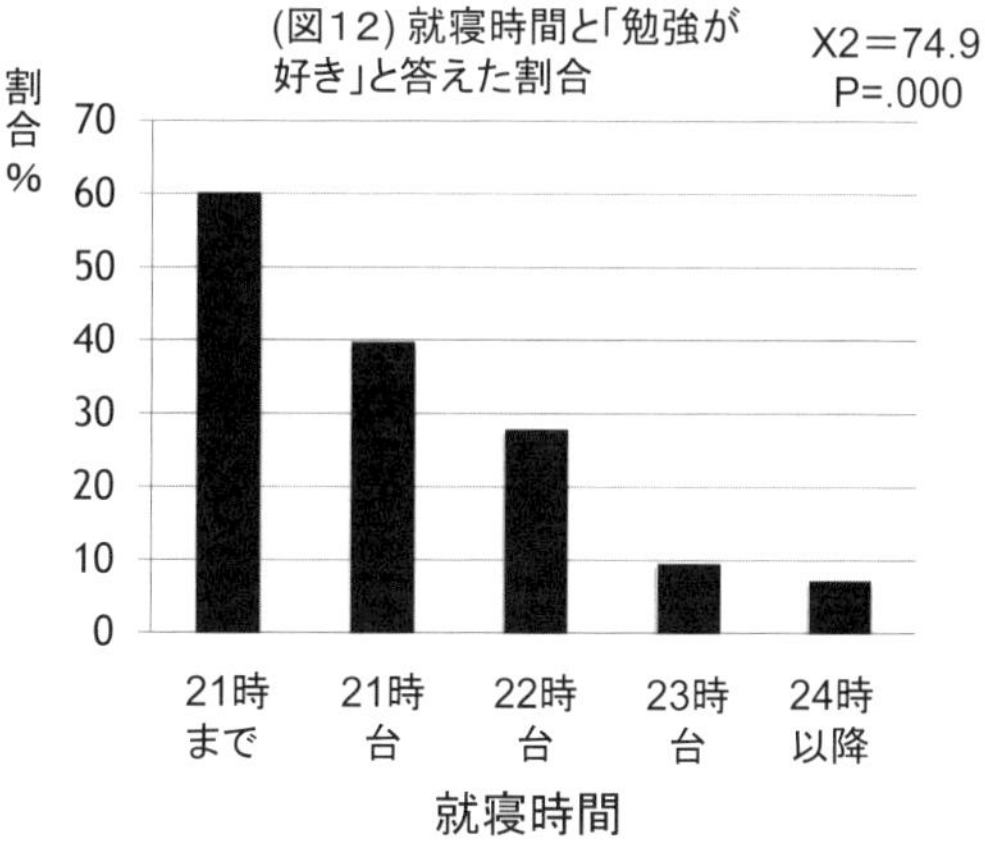

(図12) 就寝時間と「勉強が好き」と答えた割合

規則正しく、しっかり睡眠をとることで体や脳の疲れがとれ、昼間元気に活動し、勉強や学校生活も充実して効率的にこなしていることがうかがえる。

早寝、早起きは子どもの心身の発達に重要であり、小学校低学年からそれを習慣化しておくことが肝要である。

### (3) 小学校低学年にみられる異変

児童生徒の問題行動に関する文科省の調査報告によると、2016（平成28）年度の暴力件数は小学生で約2万2800件で、前年度に比べ5700件余り増加している。特に児童間の暴力件数が約4000件と増えている。一方、中学生、高校生では前年度に比べ減少している。最近の3年間は毎年、小学生で増加しており、その中でも特に低学年での増加が特徴である。

小学校低学年の子どもに、なぜ暴力件数が増加しているのか。そして低学年の子どもに何が起こっているのか。この問題について明らかにすることは重要なことである。

暴力的なゲームをしたり、暴力的シーンを楽しんでいる時、他人の痛みを感じる中枢の活動が抑制され、自分の痛みを感じ攻撃的になる中枢の活動が活発化していることが報告された（＊12）。ゲーム依存症の子どもでは、他者の痛みに鈍感である一方、自分の痛みには敏感で過剰に反応して攻撃的になりやすいことを示している。また、スイスの子どもについて調査したところ、いじめと強い関連が認められたのは、テレビの視聴時間とゲームのプレイ時間であった（＊13）。

スタンフォード大学の研究チームが小学校3、4年生を対象にテレビ、ビデオ、ゲームの利用の仕方、番組の選び方の指導とメディアの利用を減らすレッスンを2ヶ月実施した後、1週間につき7時間の範囲で視聴やプレイのやりくりをさせた。そして、指導しなかった生徒と比べたところ、指導した生徒では言葉の暴力や攻撃的な行動が顕著に減少した（＊14）。

以上の研究報告と今回のわれわれの調査から得られた結果を合わせると、小学校低学年男子のゲーム依存症の割合が高いことが、小学校低学年で暴力件数が増加している原因の一つとして考えられる。

文科省は暴力件数が増加していることに対して、繰り返し暴力をふるう子、感情のコントロールができない子が増えていると認め、さらに小学校入学までに自分の意思を言葉で伝えるための家庭教育が十分でないケースが目立つ、との見解を出している。

小学校低学年では「寝付きが悪い」、「悪夢をみる割合が高い」ことが分かったが、睡眠不足や不規則な睡眠リズムでも「イライラする」、「攻撃性が高まる」ことが分かっており、これも小学校低学年の暴力件数の増加につながっている可能性がある。

同じネット・ゲームの利用時間でも中学・高校生に比べて、低学年ほど発達段階にある脳が受ける影響は強いことが推察される。

## 4. 子どものネット・ゲーム依存の予防対策

ネット・ゲーム依存症の子どもの脳は麻薬中毒者の脳と同じ状態で、認知能力や感情をコントロールする機能が大幅に低下していることが明らかになっている。子どもの脳を守り、子どもを健全に育てるためには、依存症にしないための予防が何より重要である。

### (1) 家庭・親の対応

ネットやゲーム・スマホ依存になることを防ぐには、親の対応として一貫した方針を持ち、子どもの要求にブレないことが肝要である。

愛情不足や手間をかけてやれない「穴埋め」として買い与えないこと、親の期待通りに勉強や習い事をしている「ほうび」として与えないこと、ショックを受けて落ち込んだ時や受験の失敗などつまずいた時、自信を失った時に「慰め」として与えないことが大事である。そのような時こそ、しっかり子どもと向かい合い、つらい場面を乗り越える経験をさせることが子どもの成長につながるからである。そして、ゲームやスマホなど物を与えるより、愛情と関心をたっぷり注ぐことが何より大切である（＊15）。

具体的には、幼児期にスマホやゲームに触れさせない。小学校低学年まではさせないのがベストであるが、させても30分以内が望ましい。10歳になるまでに家庭でゲームやネットの使用ルールをつくり、それを守る習慣をつける。

子どもに質のいい睡眠をとらせるために、寝る1時間前には家族全員でゲームやスマホの電源を切り、置く場所を決めて枕元には置かないようにする。

また、子ども専用のパソコンやネット環境、ゲーム機を買い与えない。利用する場合は、子ども部屋でなくリビングなど家族の目が届く場所でさせることが大事である。ネットに対するフィルタリング、スマホに対するペアレンタルコントロールの装備も、子どもを有害な情報から守るために必要である。

## （2）外国の現状と対策

日本よりもネット・ゲーム依存に対する取り組みが進んでいる韓国では、２０１１年に青少年保護法の中に「シャットダウン制度」を新設導入した。この骨子は「16歳未満の青少年に深夜0時から朝6時までインターネットゲームの提供を制限する」ことである。そのためネットにアクセスするためのＩＤを16歳未満の子どもには付与しない。ＩＤがなければ深夜0時から翌朝6時までネットにアクセスできない仕組みになっている。関連業界に対しては、インターネット中毒を予防するため「インターネットグリーン認証制」マークを付与し、業界の自主的な努力を推進している（＊16）。

中国でも青少年のオンラインゲームに対する依存が社会問題となっている。２００９年～２０１０年の調査によると、都市部での6歳から29歳までの青少年に占めるオンラインゲーム依存者は14・1％、依存傾向にある者は12・7％と報告されている。

そこで２００８年インターネット中毒診断基準を作成して予防に乗り出し、中学校で予防教育を徹底している。また、ゲーム事業者にプレイする時間を制限する「オンラインゲーム熱中防止システム」を開発して実装するように求めた。さらに２０１０年にオンラインゲーム事業者に対して「オンラインゲーム管理暫定弁法」が施行された。この中で、事業者は未成年者がオンラインゲーム依存に陥ることを防止するためのシステムや対策を実施しなければならないとされている（＊17）。

## （3）日本の取り組み

ネット・ゲーム依存症に対する我が国の対策は遅れている。依存症で引きこもりになったり、禁断症状で苦しんでいる子どもを抱える家族の苦悩は計り知れないものがあり、国や関連業界が一丸となって支援し、対策を立てる必要がある。

対策の根幹に位置付けるべきは、情報機器の使用制限と子どもの情報環境を野放しにしないことである。これについて三つの提言をしたい。

第一は、韓国が実施しているように青少年の夜間のインターネット使用制限である。例えば、夜9時から翌朝6時まで使用を制限することで、それまでネットやゲーム、スマホで過ごしていた時間を親子の対話や勉強、睡眠時間に向けることができる。子どもの脳を守り健全な成長・発達をはかる意味で最も効果が出る対策であると思われるが、これには法整備が必要であり国の強いリーダーシップが求められる。

第二に、ネットやゲーム、スマホなど情報機器関連の事業者に対して、子どもへの影響を考慮したハード面からの対策を立てること。子どもを過度に刺激するようなソフト開発競争に一定のルールをつくることも肝要である。

最近、夜間使えないスマホの開発も報告された。使用を開始する際の利用者登録で12歳以下の場合、午後10時から午前6時まで自動的にロックがかかるように設定し、さらに保護者の判断でロックする時間を調整できる。子どもの生活リズムと睡眠を守るためには、このような取り組みは大いに推奨される。

しかし、事業者だけの取り組みには限界があり、さらに実効性をあげるためには、韓国や中国のように国による法整備も場合によっては検討する必要がある。

第三は、家庭と学校、ＰＴＡが協力して、夜9時以降はゲーム、スマホを親があずかる取り組みの実践である。これを実施した愛知県刈谷市では、子どもの生活改善につながり睡眠時間と勉強時間が増え、子ども同士のトラブルも少なくなったと報告されている。

家庭の方針として「持たせない。させない」とルールをつくっても、子どもが「友達は持っているのに自分だけ持っていないのはおかしい」と訴えると、親の方が折れて許してしまうことが多い。使用制限に関しては、家庭だけのルールづくりでは限界があり、学校や地域と連携したルールをつくり、国がそれをバックアップして取り組むことが有効な対策となる。

# おわりに

診察室で子どもをみていると、子どもが変質してきていることを痛感する。問いかけしても視線を合わすことなく下を向いたり、壁側を向き背中を向けたりする。また目がうつろで焦点が合わない。しかし、ネットやゲームの話になり使用時間を減らすか、夜はしないように説明を始めると途端に鋭い目つきで睨《にら》んで拒否的な態度をとる。「なんでこんな所に連れてきたんだ」と親を激しく攻撃して診察室を飛び出していくこともある。ネット・ゲーム・スマホの長時間使用が続くと、直接向かいあっての対話が減少するため対人関係をうまくつくれなくなる。さらに共感性や思いやり、他人の痛みを感じる心など社会性を育む心が育たない。また、うつ状態や破壊性行動障害など精神障害の原因となる。最近の脳科学の進歩により、ゲーム依存症の脳には不可逆的な変化が起こっていることも明らかになってきており、取り返しのつかないことになってしまう。

幼児期から学童期の発達段階にある脳ほどゲームやネット・スマホから強い影響を受ける。日本の小児科医会は、それをふまえて2歳までのテレビ、ビデオの視聴は控え、ゲームやスマホの使用についても警鐘を鳴らしている。

子どものネットやゲーム、スマホ依存の問題は、大人のギャンブルやアルコール依存症以上に日本社会の将来に深刻な問題を引き起こす危険をはらんでおり、早急な国を挙げての対策が必要である。

## 参考文献


＊1 M.J. Koepp, R.N. Gunn, A.D. Lawrence, et al: Evidence for striatal dopamine release during a video game. Nature, 1998

＊2 Kuhn S, Romanowski A, Schilling C, et al: The neural basis of video gaming. Transl Psychiatry, 2011

＊3 Yuan K, Cheng P, Dong T, et al: Cortical thickness abnormalities in late adolescence with online gaming addiction. PLoS One, 2013

＊4 Mathiak KA, Kiasen M, Weber R, et al: Reward system and temporal pole contributions to affective evaluation during a first person shooter video game. BMC Neurosci, 2011

＊5 2014年情報通信白書　総務省

＊6 増田彰則、他「低年齢化する子どものネット・ゲーム依存と睡眠障害」子どもの心とからだ　第27巻4号　2019年

＊7 第2回乳幼児の親子のメディア活用調査（速報版）ベネッセ教育総合研究所　2017年

＊8 川島隆太『スマホが学力を破壊する』集英社新書　2018年

＊9 Kaneita Y, Ohida T, Osaki Y, et al: Insomnia among Japanese adolescents: A nationwide representative survey. Sleep, 2006

＊10　三池輝久『子どもの夜ふかし 脳への脅威』集英社新書　２０１４年
＊11　Fuller C, Lehman E, Hicks S, et al: Bedtime use of technology and associated sleep problems in children. Glob Pediatr Health, 2017
＊12　P.A. Chan et al. A cross- sectional analysis of video games and attention deficit hyperactivity disorders symptoms in adolescents. Annals of General Psychiatry. 2006
＊13　E.N.Kuntche: Hostility among adolescents in Switzerland ? multivariate relations between excessive media use and forms of violence. J Adolesc, 2004
＊14　T, N, Robinson et al. Effects of reducing children、s television and video game use on aggressive behavior : randomized controlled trial. Arch Pediatr & Adolesc. Med 155, 2001
＊15　岡田尊司『脳内汚染からの脱出』文春新書　２００７年
＊16　韓国における青少年保護のためのインターネット規制と運用　独立行政法人日本貿易振興機構　２０１２年
＊17　宮尾恵美　青少年とオンラインゲーム　中国のオンラインゲーム管理政策　国立国会図書館調査及び立法考査局　外国の立法　２０１１年

# 2章　家族会の実践から学ぶゲーム・スマホ依存の理解と対応

松本　宏明（志學館大学准教授　増田クリニック　公認心理師）

## はじめに

毎月第3木曜日の午前10時、クリニックの2階にお母さん方が三々五々集まり始める。市電の乗換駅に近く、県内随一のデパートも徒歩圏にあるクリニックは、買い物ついでに寄れると好評。この好立地は、3年近く家族会が継続している一因でもある。本稿では、2016（平成28）年6月から増田クリニック2階で実施しているゲーム・スマホ依存（以下ゲーム依存）家族の会について、紹介していきたい。

最新の国際疾病分類ICD－11では「ゲーム障害」が疾患名として収載されることになった。ゲーム依存は、アルコール依存のように明確な物質依存を伴わないため、社会的認識もまだ十分ではない。しかし子どものゲーム依存は、社会生活に生涯にわたる影響を及ぼしうる。2018年度、中学・高校生のネット・ゲーム依存症についての厚生労働省研究班の推計によると、2013年の調査に比べて約2倍の93万人が依存症疑いと報告された。鹿児島県での調査でも同様の結果が出ており、さらに小学生での依存症疑いの割合も高く、低年齢化が急速に進んでいることがわかっている（山下協子氏らとの研究発表　2017年）（＊1）。家族会実施のきっかけは、このようなネット・ゲーム依存の深刻さに加えて、子ども本人は病院受診を拒否するため家族のみの受診が多い現状にあった。

ゲーム依存は新しい問題であり、依存と非依存との線引きも、まだまだ難しい。実は私自身も、スマホが手放せない。本稿では、家族会の実践紹介に加えて、ゲーム依存対応の視点や展望について、社会的背景も踏まえて述べていきたい。

## 1．家族会について

### （1）実施の概要

ゲーム依存は、好発期が思春期と重なることが特徴である。したがって、治療の入り口には「二重の壁」があるように思われる。ひとつは、依存症一般に共通する治療動機の低さ。もうひとつは思春期という年頃、特に多数を占める男子のつながりにくさである。家族は、家という閉ざされた空間で日々子どもと向き合いつつ、その壁を何とか突き破ろうと苦闘している。一方この「二重の壁」は、援助者の前にも高く立ちはだかる。ただ、その壁に直接立ち向かう以外にも、間接的支援の可能性がある。それが、今回報告する家族会である。

現在ゲーム依存家族会は、九州では本院以外に実施例は見当たらない。ノウハウもほぼ皆無のなか、試行錯誤しつつ実施している。基本的な進行としては、約30分の講義の後、残り時間をフリートークで構成している。講義前の近況報告や自己紹介で時間を取ることも多く、進行は試行錯誤が続く。当初は、テキストを用いた勉強会形式を想定していた。ただ、継続参加者がまだ少ない現在、当日資料を配布する形式をとり、かわりに樋口進氏の『スマホゲーム依存症』（＊2）など各種書籍も勧めている。勉強熱心なお母さんも多く、ネットサービスの現状などタイムリーな情報提供も家族会の役割である。

当初の実施場所は待合スペースであり、椅子を並べ講義形式で行っていた。一時期小ぶりのカウンセリング室に移動した後、クリニック移転と参加者増に対応し、現在は、やや広めのカウンセリング待合室で実施している。参加ルートは診療時の院長からの紹介が多く、クリニック内にはチラシを掲出している。また、最近はホームページで家族会の存在を知り、参加される方が増えている。なおクリニック受診は条件ではなく、別途参加費を徴収している。

家族会を3年近く実施してきて肌で感じるのは、深刻なゲーム依存の現状と家族の切実なニーズである。一方、それとは裏腹のサポートの薄さを実感しており、家族会の周知をより一層広げる必要性も感じている。また、当初案内には「ゲーム・スマホ依存」の表記を用いていたが、予想以上に依存という言葉への抵抗感も聞かれ、現在は「ゲームにハマる」という表現も併用するようになった。

治療と結びつきにくいゲーム依存の子どもと向き合う母親は、孤軍奮闘している。今日も子どもは朝方までゲームをし続けるのだろうか、注意するとまた暴力に発展しないか。禁止したはずの課金をこっそりして、いつかまた数十万円単位の請求が来るのではないか。一体この子の将来はどうなるのか。家族は日々緊張を強いられ、先の見通しの不安を抱えている。家族会は保護者にとって支えとなる場でありつつ、同時に子どもへの適切な対応も身に着けてもらうことで、家族全体の回復につなげることを目指している。

### (2) 参加者の特徴

参加者の特徴を述べる。これまでの参加人数は実数約40人、延べ約120人。うち約8割は、中高校生の子どもを持つ母親である。依存症の大多数は男子で、女子は2〜3人にとどまる。また、数こそ少ないものの、夫のゲーム依存に悩む配偶者や当事者の参加もある。ゲームにハマる子どもの様相は、様々である。進学校に通う学力の高い子どもも少なくない。ハマるきっかけとしては、いじめなどの心的外傷体験や、夜遅くまで塾通いの受験勉強など過剰適応的な頑張りの反動、といった様々な環境因が語られる。

ゲーム依存ではリスク因子として発達障害、特に刺激を求める注意欠如多動性障害（ADHD）との関連が指摘される。参加者が語るエピソードからは、発達障害的な特性を持つ子が一定割合数いる可能性も窺《うかが》われるが、直接の原因とまでは言い切れない。とはいえ、先の環境因の背景として、特性からくる生きづらさが影を落としている可能性は十分考えられる。

家族の特徴を印象の限りで述べると、母子関係は意外に距離感が近い場合も少なくない。ゲーム問題以外では、若いお母さんなど、表面的にはコミュニケーションが取れている場合も見受けられる。一方、父親は、やや存在が希薄な印象も受けるが、あくまで母親の語りからの推測であり、実際には父親ならではの思いや苦労もあるはず。今後、父親の話も伺い、より立体的に家族の現実に触れることが、援助方向性を探る手掛かりとなるように思う。なお、家族会参加者は深刻で切実な状況にあることは確かだが、家族会にまでたどり着けた方でもあり、一般化に留保が必要なことも付記しておく。

どの家族においても、ゲームにハマった子どもの変化には、家族全体が少なからぬ影響を受ける。ハマるまでは、「自慢の息子さんですね」と周囲に見られていた子どもと家族の生活が、ゲームで一変する場合も少なくない。会話は途絶え、食事も自室でゲームをしながら食べ、注意すると暴言、時に暴力。夫婦間での口論も増え、当然家の雰囲気は殺伐となる。このように急激に変化した子どもや家族の様子を外に話したり相談したりすることには、躊躇《ちゅうちょ》も働く。実際、家族会でこれまでの苦悩を堰《せき》を切ったように吐露した後に、初めて自分の苦悩を明かした、と語る参加者も少なくない。

## 2. ペアレントトレーニング

### (1) 概要

家族の最大のニーズは、今日から使える子どもへの実践的な対応方法である。そこで家族会では、ペアレントトレーニングを取り入れている。

ペアレントトレーニングは、子どもの肯定的な行動に注目する、発達障害の子どもの保護者向けの対応プログラムである。すでに多くの実践例や効果が報告され、国立久里浜医療センター（神奈川県横須賀市）のゲーム依存家族会でも導入されている。筆者も数年前から保護者への個別面接に取り入れ、効果を実感していた。ペアレントトレーニングは当初より家族会のプログラムに取り入れているが、ゲーム依存への家族対応としてもフィットする枠組みだと感じている。

ペアレントトレーニングは、4つのステップから構成される。①子どもの行動を分類する②好ましい行動をほめる③好ましくない行動を無視する④許しがたい行動をやめさせるため指示する、である。

ここでは、家族会で導入している①〜③を中心に紹介する。

## (2) 行動を分類する

①の行動分類のステップでは、まず実施者がペアレントトレーニングで着目する行動の基準（具体的・観察可能・数えられる）を説明する。その後にコラム表をお渡しし、お子さんの行動を「好ましい行動」「好ましくない行動」「許しがたい行動」の3つに分類してもらう。コラム表は、宿題とする場合もある。この行動分類のステップは、母親が日常生活での子どもの行動に改めて着目する機会となり、その結果、観察眼も養われる。

この行動分類時のお母さんの気づきが大きい。とにかく反応が良いのだ。予想よりも「好ましい行動」が多く挙がり、心なしか頬《ほお》が緩むお母さん。一方、大量に書き連ねられた我が子の「好ましくない行動」を前に、思わず「苦笑」のお母さん。様々な反応と参加者間のやり取りからは、目に見える形で子どもの行動を整理するペアレントトレーニングが、保護者にとってこれまでにない気づきを生むことが見てとれる。

## (3)「ほめる」と「無視」

ペアレントトレーニングの注目点は、親からみた子どもの「好ましい行動」にある。②好ましい行動をほめる、のステップでは、小さな好ましい行動でも具体的にほめ、注目を与えることで、その好ましい行動が増えることを期待する。一方、③好ましくない行動を無視する、のステップでは「好ましくない行動」は注目をせずにあえて「無視」することで、行動が減っていくことを期待する。

なかでも子どもの行動をあえて「無視」する対応が、お母さん方には新鮮に映るようだ。出口が見えぬ日々を子どもと過ごす母親としては、「何かをする」より「しない」ことの方が、時によほど難しい。ゲームにとことんハマり、コントロールができない子どもを、親もコントロールできずに、つい声を荒げる。子どもを心配し、「何かしなければ」という思いが募ると、良くないとうすうす気づきつつ、ゲーム以外の行動も気になってしまう。つい叱《しか》ったり怒鳴ったりと否定的に注目し、家族の雰囲気もとげとげしくなる。

このとき、あえて注目しない「無視」を取り入れることで、雰囲気が和らぐことがある。ペアレントトレーニングという枠組みは、親として当然の不安や義務感からくる「何かしなければ」が生む不本意な悪循環から、安全に少し降りる「お守り」となるようだ。

よく聞かれるのは、「無視するなんて本当にしていいの？」という疑問である。この疑問には、「無視」とは、好ましい行動が見られたらすかさず「ほめる」こととのセットの対応です、と答えている。「無視」が冷たく消極的な対応ではないことを保護者と共有することが大事である。ペアレントトレーニングは、好ましくない行動への「無視」と好ましい行動への「ほめ」という注目との使い分けで、子どもの行動変容を目指す。無理なコントロールではうまくいかない場合に、親子にやさしい「間接的コントロール」を目指す枠組みともいえる。

現在のところペアレントトレーニングは、ゲームを「無視」することで、ゲームの時間が減っていくことを直接保証できる枠組みではない。しかし、ペアレントトレーニングは、ゲームにハマると見えづらくなる子どものゲーム以外の肯定的な行動に改めて目を向け、少しでも「ほめられる（注目できる）」行動があるか、一方、何が「無視」すなわち大目に見ることができるのかに視点を移す。まず親から始めるこの視点の変化は、ゲーム依存を引き金にこじれてしまった子どもとの関係を見直す、回復への一歩になりうる。

## （４）ペアレントトレーニングが目指すところ

ペアレントトレーニングは４つの段階からなるが、①の段階すなわち、実際に保護者と一緒に行動を分類し、現状を確認するだけで、保護者と子どもとの関係が穏やかな方向へと変化する場合が少なくない。これは岡田尊司氏（＊３）が提示する、「子どもの安心感をつくる」というゲーム依存からの回復段階の第一歩である。すなわち、保護者はゲーム依存からの回復可能性をペアレントトレーニングに取り組むことで自身の対応が変化し、その結果、親子関係が改善するという一連の体験として実感しうる。

一般的には、ペアレントトレーニングは継続的なグループで実施されることが多い。ただ、新規参加者も受け入れる家族会では、ペアレントトレーニングの概要を資料として配布し、適宜説明を加える形式をとっている。

# 3. 事例

事例を紹介する。なお事例については、本人が特定できないように改変を加えている。

高校3年生の男子。中学校でいじめに遭ったが、成績は良く、少数ながら心が通じ合える友人もいた。しかし、高校進学後に学習意欲は低下。中学校時代から始めていたオンラインゲームに一層のめり込むようになった。ゲームの腕前は高く、力を買われて他参加者のまとめ役となる管理人的な役割を担うほどであった。

しかし、朝方近くまでゲームをやめることができず、次第に遅刻や欠席が増え、生活が昼夜逆転状態になり、卒業も危うい状況に陥った。１回で本院の来院は途絶え、母親（以下Ａさん）も困り果てたところで、家族会を紹介された。

家族会にＡさんは自他ともに認める皆勤賞の参加であった。ペアレントトレーニングに取り組んだことで子どもの肯定的な側面に気づき、一方、気になる行動については大目に見ることができるようになった。

当初、ゲームのハマり度や登校の様子は一進一退が続いた。参加から数ヶ月、ゲームの時間も多少減少し、登校時間も早くなった。学習意欲も少しずつ向上し、前向きな言葉も聞かれるようになった。最終的には大学受験に漕《こ》ぎつけ、無事入学。将来について考える気持ちが芽生え、対人関係についても本人なりの距離感を持って関われるようになった。

Ａさんも、今後についての心配は残しつつも、子どもの変化を肯定的に評価しており、家族会は居場所になったと語られていた。また、Ａさんは他のお母さんにアドバイスを送る場面も多く見られ、ピアサポート（当事者間での援助）的な役回りも果たされていた。

この事例においてペアレントトレーニングは、Ａさんが子どもの行動、そして親子関係を見直す手掛かりとなっていた。また、家族会への継続的な参加は、自身の子どもへの関わりを見直す足場となっていた。子どもを心配するがゆえに生じる親子関係の悪循環が和らぐことで子どもとの関係が改善し、結果として本人の主体性も引き出されたと考えられる。

実は、本事例では現在も本人はゲームを完全にやめたわけではなく、親の不安もまだ消えたわけではない。とはいえ近年、依存症からの回復過程への見方には変化が起きている。依存行動をただちにやめることができなくても、まずはその行動がもたらす害を最小限にとどめ、適応的な生活を送ることを大事にする「ハームリダクション」(成瀬暢也氏『アルコール依存症治療革命』参照)(＊4)という考え方である。ゲームやネットを完全に断って生活することがきわめて困難な現代社会。本事例はゲーム依存の回復方向性がこの「ハームリダクション」と重なることを示す一例と考えられる。

## 4．家族会の現状と課題

家族会もスタートから約3年。この項では、現状と課題について述べていきたい。

家族会の設定時間は現在2時間である。しかし終了後は、時間内では話し足りない参加者の方が、クリニック外で「二次会」と称して話し込む姿も見られ、当事者間で支え合うピアサポートの場も生まれている。ただ、お母さん方の参加スタンスも様々なので、一定の枠組みが必要とも感じる。例えば、連絡先の交換制限等をルールに盛り込むことも検討している。

家族会の場合、守秘義務があり、話しやすい雰囲気でも、子どもやゲーム以外の個々の事情についての語りは、多少抑制されることがあるようだ。実際、家族会の参加者と個別にお会いすると、ゲーム問題の背景に夫婦関係や多世代の家族問題などが浮かび上がる場合も少なくない。今後、ニーズに合わせて、家族会と個別カウンセリングとを組み合わせた複合的な支援の展開も検討していきたい。本人が治療の場に現れにくい現状、ゲーム依存対応の鍵となるのは親支援である。

また、現在の家族会はゲーム依存の子どもの保護者に対応した内容が中心となっている。中高生の子どもの保護者同士だと、苦労の中身が共通することも多く、打ち解ける雰囲気が生まれやすい。一方、当事者が成人の場合には十分な支援が難しいのも現状である。状況によっては、ギャンブル依存の家族組織GA（ギャマノン）など、近縁の自助グループの紹介が適当なケースもあるかもしれない。

スタッフ体制に関しては、時折医師（院長）が参加するが、基本的には筆者（公認心理師）が単独で実施している。現在の参加人数では、喫緊《きっきん》の増員の必要性までは感じていないが、参加者にとっては多職種からの助言がより有用かもしれない。たとえば久里浜医療センターの家族会は、看護師・精神保健福祉士・作業療法士など多職種で構成され、テーマも身体面や社会面など、より幅広い。体制は今後も検討していきたい。

グループで自助的要素が増えてくると、援助者としての役割が悩みどころとなる。ある時、家族会でこんな場面があった。ほぼ毎回参加する「ベテラン」のお母さんから苦闘の語りを聞いた初参加のお母さん。今後の子どもやご自身の厳しい道のりを思ったのか、いたたまれない様子でうつむき加減となってしまった。ただ、この「ベテラン」のお母さんも参加を重ね、当初と語りが変容していることを毎回出席してきた援助者は知っている。現在のところ、援助者の役割は、参加者の変化の過程を他の参加者にも伝えることで、参加者同士が回復モデルへ、ともに方向づけしうる羅針盤であり、参加者の語りを支える伴走者であると感じている。

## 5. ゲーム依存対応の視点

### (1) ゲームの魅力を知る意味

複雑化した現代のゲームやネットの世界。援助者や家族がその世界を理解することは容易ではない。しかし、なぜ子どもがゲームの世界に魅力を感じるのか、その理由を援助者や家族が知ることは、対応の手掛かりともなる。

例えばオンラインゲームでは、ゲーム内での協力やライバル関係といった人間関係の比重が増し、時に現実の対人関係を侵食している。そのつながり方も様々だ。自分のゲームプレイの動画を毎日ネット中継で配信し「実況」することを、ひとつの「役割」とする子ども。寄せられるコメントや「いいね」のクリック数は、他では満たされない承認欲求を満たす。まれに訪れる気乗りがしない日すら、半ば義務感からログインする。憧れのカリスマプレーヤーに肩を並べる全国ランキング入りを目標に、朝方まで苛烈《かれつ》な争いに励む子どもも少なくない。

すなわち、現代の子どもにとってゲームとは、それまでの「人生」では得られなかったアイデンティティーや達成感をもたらし、寂しさを埋め合わせ、傷つきを癒やす「自己治療」の避難所なのである。したがって、大人が居場所としてのゲームの役割は否定しないことで、子どもが抱く「やっぱりこの人も分かってくれない」という先入観を強化する悪循環は、とりあえず避けることができる。否定しない対応を取り入れることで、保護者が子どもへの関わりを見直すペアレントトレーニングも、子どもの安心感を醸成しうる手掛かりとなる。

もちろん、援助者がゲームの世界に無理にコミットする（ハマる？）必要はない。しかし相手は、ただでさえ大人への不信感の根強い思春期。なかでも、ゲームにハマる子どもの多くは、もともと大人に頼ることや、言語化も苦手。その上、ゲームに関する大人からの叱責《しっせき》に極端に過敏になり、ゲームの世界にハマることでひととき、こころの苦痛から自らを癒やしている。

子どもの世界を理解するためには、ハマるゲームの種類も無視できない。ゲームには、子どもの個性や輝く側面、すなわち「リソース（資源）」の方向性も映し出されている。例えば、仮想空間での「ものづくり」をシミュレーションするゲームなど、課題解決力の育成に役立つとする報告もみられる。

このようにゲームを、ゲーム以外でのその子に合ったリソースの手掛かりと捉える視点は、多くの家族からすると盲点であり、対応の幅も広げうる。一方、親にとってゲームは子どもの未来を奪う憎き「悪魔」でもあるのだから、肯定的な意味づけへのためらいは当然である。援助者も思いは同じかもしれない。ただ、親よりも問題から距離を置きうる援助者だからこそ、保護者の思いには十分配慮しつつも、ゲームが内包するリソースとしての可能性を見出す役割があるように思う。

ところで最近は、ゲームやネットに非常に詳しいお母さんも少なくない。「ガチャ」と称されるゲームでのアイテム購入など、子どもによる高額課金への防衛策を講じる過程で、自然に詳しくなったケースがいくつか聞かれた。大人の理解の重要性は疑いないが、その理解が、子どもの目覚ましい行動改善に直結するとは限らない、もどかしい現実もある。

実際、家族が迫られるかじ取りは、困難なものである。ゲームの世界が居場所となっている子どもに対して、親は焦りや不安を抱え、時に高額請求に怯《おび》えながらも、ゲームから力ずくには引き離さずに、関係づくりや安心感の構築を通して、少しずつゲーム以外の生活にも目を向けさせていく。困難な道のりだからこそ、伴走者かつ羅針盤として援助者が果たす役割は、小さくないと考えている。

## (2) 防御要因に働きかける

多くの子どもが、ネットに接続可能な携帯端末を所有する現在、なぜゲームに依存してしまう子と、深刻な依存に陥らない子どもとがいるのだろうか?

この疑問に答える手掛かりとなるのが、樋口進氏が提示するゲーム依存の防御要因という考え方である(*2)。あげられている5つの要因は、①社会的能力が高い②自己評価が高い③行動の自己コントロールができている④学校でクラスに溶け込んでいる⑤学校が楽しいと感じる―である。この5つの要因に該当するほど、ゲームをしても依存状態までには陥りにくいという。そして、どうか一度、この「防御要因」に全く当てはまるものがない子どもをイメージしてほしい。かれらは、「ゲームの世界にでもハマらないと、どうにもやってられない」子どもたちではないだろうか。

新しい概念であるゲーム依存に対し、一部にはゲーム依存は自然寛解しうるといった概念自体への懐疑的見解もある。しかし援助者の立場からすると、その見解は楽観的過ぎる。ゲームにハマった子どもとは、言い換えると、それまでの人生において「防御要因」を獲得しえなかった子どもである。その子どもに対してハマらなかった子ども同様の自然寛解を援助者が期待するのは、子どもへの「自己責任」の押しつけ、あるいは単なる無責任に他《ほか》ならないのではないか。一方、この「防御要因」という切り口は、ゲームをやめさせるだけではない回復への援助方向性を照らし出す。すなわち、子どもとその環境を考慮しつつ、「防御要因」のうち、その子にとって比較的変化しやすい因子に働きかけ育んでいく、という方向性である。紹介事例で示したペアレントトレーニングは、防御要因のうち②および③に働きかける試みといえそうだ。

### (3) リスクへの対応と承認欲求

最後に、家族会からみえる家族関係およびゲーム依存を取り巻く社会状況を踏まえ、私見を述べたい。

オンライン以前の家庭用ゲームが、ゲームのクリアで完結していたように、戦後の日本社会には、高度経済成長が支えた終身雇用と専業主婦やマイホームに代表される家族像といった一定のひな型やゴールがあった。一方オンライン時代とされる現代社会、アップデート（更新、最新化）を繰り返すスマホゲームには、到達すべきゴールは存在しない。そして、アップデートの目的は単にゲームを盛り上げるだけではない。ウイルスなどのセキュリティー対策でもある。このように現代社会は、科学技術の発展と引き換えに危機管理やセキュリティー対策など無数のリスクを抱える「リスク社会（Beck 1986）」（＊5）となった。しかし人間はゲームとは異なり、リスクに対応したアップデートなどすぐにはできない。

ゲームでのアップデートやイベントに敏感に反応する現代の子どもたちは、大人から見ると「コントロールが利かない」依存状態かもしれない。しかし、他の友達と比較しつつ自分らしさを形成する思春期の子どもたちにとって、「孤立」は大きなリスクである。病的にも見えるアップデートやイベントへの反応は、「リスク社会」を生き抜くための、子どもたちなりの居場所づくり、いわばリスクマネジメントなのかもしれない。

ゲームにハマる子どもたちは、このような居場所づくりなどを通して、現実の世界でなかなか満たされない承認欲求をゲームの世界で満たしていた。しかし、人から認められたい、分かってほしい、気持ちを受け止めてほしいという承認欲求自体は、本来誰にでもあるものだ。そして、子どもたちがゲーム仲間からのコメントや「いいね」で手軽に承認欲求を得るほどに、孤立し苦闘する母親は、果たして誰かに「いいね」と言ってもらえているのだろうか。

子どもへの対応に常にアップデートを迫られ、孤立し苦悩する母親の現状を家族会で感じる筆者としては、家族支援は回復に不可欠な過程と思われる。最善は、母親同士が「いいね」と言い合えることだが、家族会にはその安全を保障する役割がある。ただ、家族会に限らず、母親同士がしんどさをもっと率直に話せる社会的な寛容さや、前提となるゲーム依存への理解がまだまだ不足している、というのが正直な思いではある。

現在、地域や学校によるゲーム依存の予防の取り組みが少しずつ始まっている。ゲーム依存からの回復は容易ではなく、予防に勝る特効薬はないと感じる。しかし、その予防が、もしもうまくいかなかった時には、そのうまくいかなさや思いを正直に話せて、「いいね」と言ってもらえる安心できるセーフティーネットが不可欠である。家族会もその一助を果たしていきたい。

## 参考文献

＊１　山下協子・松本宏明・増田彰則「子どもの睡眠障害とネット・ゲーム依存との関係について」第35回日本小児心身医学会　口頭発表
＊２　樋口進『スマホゲーム依存症』内外出版社　２０１８年　57頁
＊３　岡田尊司『インターネット・ゲーム依存症』文藝春秋　２０１３年　２２７頁
＊４　成瀬暢也『アルコール依存症治療革命』中外医学社　２０１７年　55頁
＊５　Beck,U. Risikogesellschaft. Auf dem Weg in eine andere Moderne, Frankfurt am Main（Suhrkamp Verlag）1986. ウルリヒ・ベック著（東廉／伊藤美登里訳）『危険社会―新しい近代への道』法政大学出版局　１９９８年

# 3章　情報機器・システム発展の功罪と子どもの育成

西村　道明（元京セラ総合研究所所長）

## 1．インターネットの発展

その黎明《れいめい》期から数えても、インターネットの歴史は35年程度である。１９８０年代初頭に大学の大型計算機間でつくられたライン網によるメール、フィンガー機能を用いて研究者間での議論、論文のやり取りが始まったことがその端緒である。計算機端末上でワードプロセッサーが動かせるようになったのもこの頃である。電話代が安かった北米では、研究者間で長電話による議論がよく研究室から漏れてきていたが、この長電話が徐々にメールに変わっていった。

これを機に、当時私が所属していたカナダの大学の理論物理学教室では、電話の議論が減り静かで少し物足らない環境になっていった。もちろん、研究者間の直接的な議論はよく聞こえてきていた。大抵の教授の研究室でもドアは常時開け放たれていたこともあって、面白そうな議論には学生を含めて他の研究者も参加するのが常態化していた。しかし、メールの議論が増えるにつれ、黒板の前でチョークを片手に議論をする先生方、学生たちの姿や声に接する度合いが減っていったのは、この教室だけではなかったと覚えている。

　このメール機能を使い始めて間もなく、当時素粒子の研究をされていたインド系の教授に使い方を教えた。しばらくは、とても便利だと喜んでおられたが、1週間もしないうちに、いちいち返事をしないといけないので、メールを打つ時間が増えてしまって大変なことになったと、ぼやくようになった。この方は、大変精力的に仕事をされていたので、ご自分が考えておられることをこれまでのように多くの関係研究者にメール発信して議論をしかけられたのだ。当然、メールを受け取った研究者は

| | |
|---|---|
| 1983年 | ARPANET がプロトコルを TCP/IP に切り替え |
| 1985年 | 米国の「全国科学財団」による学術研究用のネットワーク基盤 NSFNet 構築<br>インターネットのバックボーンが ARPANET から NSFNet へ移行 |
| 1988年 | 米国で商用インターネット開始 |
| 1989年 | 商用ネットワークと NSFNet との接続開始 |
| 1990年 | スイスの素粒子物理学研究所・CERN の研究員ティム・バーナーズ＝リーがロバート・カイリューらの協力により World Wide Web システムのための最初のサーバとブラウザを完成 |
| 1995年 | NSFNet は民間へ移管<br>Windows95の登場で一般の人にインターネットが急速に拡大 |

みな丁寧に様々な返事をされるのだ。私は苦笑するしかなかったが、彼のクレームは、既に将来のメール文化の課題を明示されていたようであった。

１９９５年にWindowsを用いてインターネットにアクセスできるようになると、パソコン（ＰＣ）を用いることのできる一般のユーザーがメール送受信、情報収集・アップロードを行うようになった。この黎明期から普及の時期に移ったことが、インターネット利用者数を飛躍的に伸ばした（図１　出展：国際電気通信連合）。先進国では２００５年頃までに半数以上の人がインターネットを利用するようになった。さらに、この頃に発売したスマートフォン（スマホ）により、電話やメールに限らず情報端末としての多機能を活用するという情報インフラが出来上がったのである。

その後の10年間はスマホの高機能化、快適・利便性を求めたサービス／ソフトの拡充、趣味・娯楽・興味を誘発する情報サービスの提供等の人が人として快適に生活できる仕組

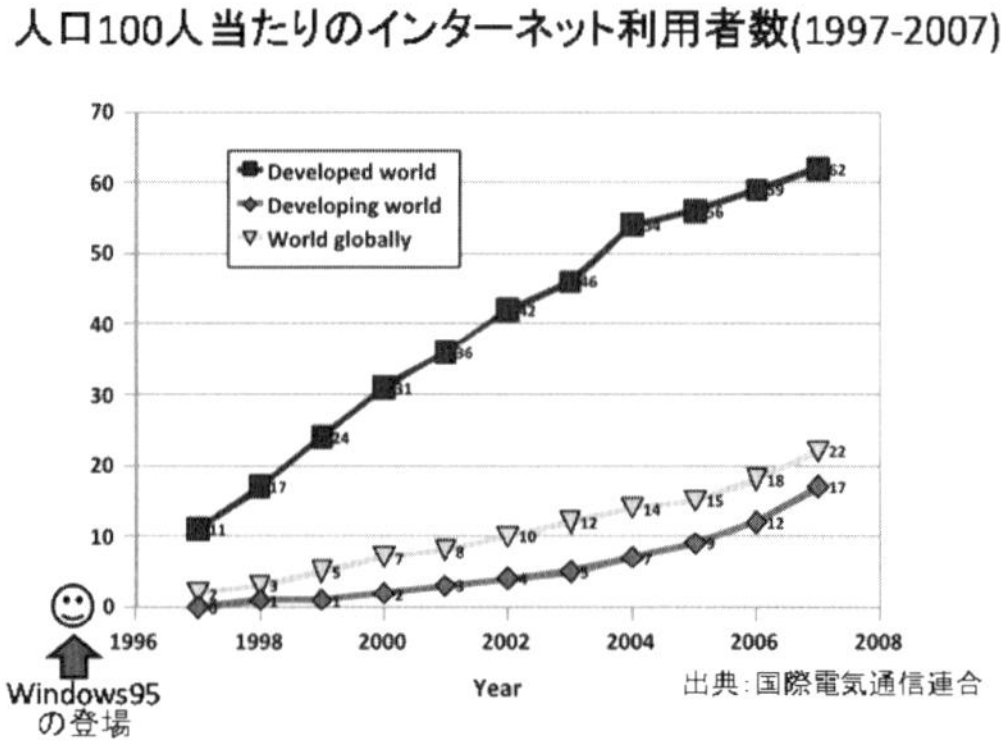


図1

み（インフラ）を超えたものにまで変貌《へんぼう》してきている。

## 2. 情報格差の解消

スマホの普及は、携帯電話のために整備した通信網をベースにしている。人々の生活圏内においては、繋《つな》がらないことがほとんどないため、携帯電話機器をスマホに変更するだけで、大抵の人が使える。PCにおけるインターネットアクセスの煩雑性を取り除いてしまったスマホがPCの取り扱いやプロトコル（通信手順）の何たるかも意識せず、今やスマホに語りかけるだけでインターネットにアクセスできるようになった。また、通信情報量の増加に伴って、これに対応できる通信規格の改良（4G↓5G↓…）が絶えず進んでいる。

これらの情報通信技術の継続した改善改良は、利用者形態に沿った格安スマホや簡単スマホのバラエティーの拡充もあって、誰でもどこでも望む情報収集・発信ができるようになった。タブレット端末、スマートテレビ等の利用形態の多様化もこれを後押し、さらに都市部と地方・離島の情報における格差を解消してしまった。発展途上国においても、スマホの低価格化、情報インフラの拡充で多くの人のインターネットアクセスが近い将来容易になると想像できる。このように、地域・国の壁、スキルの壁、コストの壁を解消した情報インフラの発現は、物流インフラの改革が伴えば、地域・国・文化を超えた生活圏の実現さえ近い将来に可能であることをイメージさせる。

誰でも様々な情報を収集・発信できるということは、とりもなおさず誰でもいろいろな情報に晒《さら》されるということを意味する。今や、世の中にはメジャーなメディア以外にも、それ以上の情報が氾濫《はんらん》している。すなわち共同通信発等のメジャーの取材に基づく報道から、個人の思い込み、誹謗《ひぼう》・中傷《ちゅうしょう》まで様々であり、個々の情報の妥当性の検証・判断は受け取り手からは困難というしかない。発信している側に明確な悪意がなくても、間違った情報が恐怖感情・義憤等から拡大し、社会に害を及ぼす可能性もある。

現在の開発途上にある技術として、物が繋《つな》がるインターネット（IoT：Internet of Things）がある。既に家電にネットアクセスができ、外出先からエアコン制御、冷蔵庫内容確認等の利便性を謳《うた》ったものが出つつある。IoTは、ロボット、車両、都市インフラなどの制御および、これらからの情報発信等をさらに発展させることを目指すものである。たとえ意識しなくても、またスマホで意図した情報収集・発信をしなくても、実生活環境がインターネットに晒《さら》されて自分たちの生活に重大な影響を及ぼすリスクが増大するであろう。

## 3．人々の生活を大きく変える情報インフラの発展

ソフト面からも見てみよう。情報収集や情報発信の双方向における世界的規模の広がり、情報端末の高機能化、データベースの整備、進化が進んできている。これらの進化は、妥当な方向性がいかなるものかの議論自体がなされているとは言い難い。私たちが望む方向の進化になっているのだろうか。

一例ではあるが、日本のゲームメーカーの売り上げ推移を見てみる。任天堂は一連のファミコンをベースにして４０００億円の売り上げを達成し、Wiiで１兆円をはるかに超える売り上げピークを出した。一方でDeNAは、２０１０年以降急激に売り上げを伸ばし、２０１３年には２０００億円に達した（出典　任天堂「決算短信」、DeNA HomePage)。その後アプリゲームの苦戦は続いており、現在の売り上げは事業全体で１４００億円レベルになっている。

ゲームの世界市場では、逆にインターネットを通したソフト配信、インターネットを介したゲーム等、様々な進化を急激に遂げ、私たちにはその全貌は計り知れないものになっている。これらの進化は、企業の売り上げ拡大を狙う開発戦略だけではなく、ユーザーの欲求にも突き動かされたダイナミクスで進んでいるといえる。現在の世界ゲーム市場の総

額は9兆円（日本では1兆4000億円）を超えてきているといわれている。

ゲーム市場に限らず、インターネットに関係するソフトの進化が、必ずしも私たちの意図し、描く将来の方向にはなっていないと考えられる。そもそも、ネット社会のあるべき方向を議論し、意図して制御しようとしているのかということ自体が大きな疑問である。インターネットもそうであるが、インフラとは人が人として快適に生活するための仕組みであり、ハードの面でもソフトの面においても常にあるべき姿を模索すべきである。

## 4. 青少年・子どもたちへの影響

氾濫《はんらん》する情報やソフトは老若男女すべてを覆って流れるようになった。このような情報インフラの流れを活用・利用でき、流れについていける人々はごくわずかに過ぎない。そもそも、個々の情報の妥当性を判断すること自体が困難である。大半の人々は、本人が意識しないまま不確実な情報の流れに翻弄《ほんろう》され、溺《おぼ》れるであろう。

ネット社会のダイナミクス・氾濫《はんらん》情報／ソフトへの耐性の低い青少年・子どもたちは、成長過程において精神的・肉体的ダメージを受ける確率が高い。健全な感性と情緒の育成が、本来の目的から外れ、制御されていないネットによって歪《ひず》みを持ったものになるリスクを強く意識すべきである。

## （1）家族のつながり

ＮＨＫ放送文化研究所「国民生活時間調査」（２００５年）、内閣府「国民生活白書」（１９９５年）から出された父親、主婦、中学生、小学生の属性別起床在宅率のデータをグラフ化したものを図2に示す。平日の家族全員の起床在宅率が5割を超えるのは、午後8時から10時までの2時間のみである。家族のメンバーはどのように家庭内で時間を過ごしているのだろうか。

まず、睡眠について年代別睡眠時間の推移を見てみる。総務省「社会生活基本調査」データをベースに図3に示す。年齢別睡眠時間は50歳前後の年代が最も少なく４４０分を下回ってきている。10～24歳の青少年の睡眠時間は４８０～５２０分で妥当な数値を示し、年代別睡眠時間推移を見ても減少していない。青少年の中では、15～19歳の睡眠時

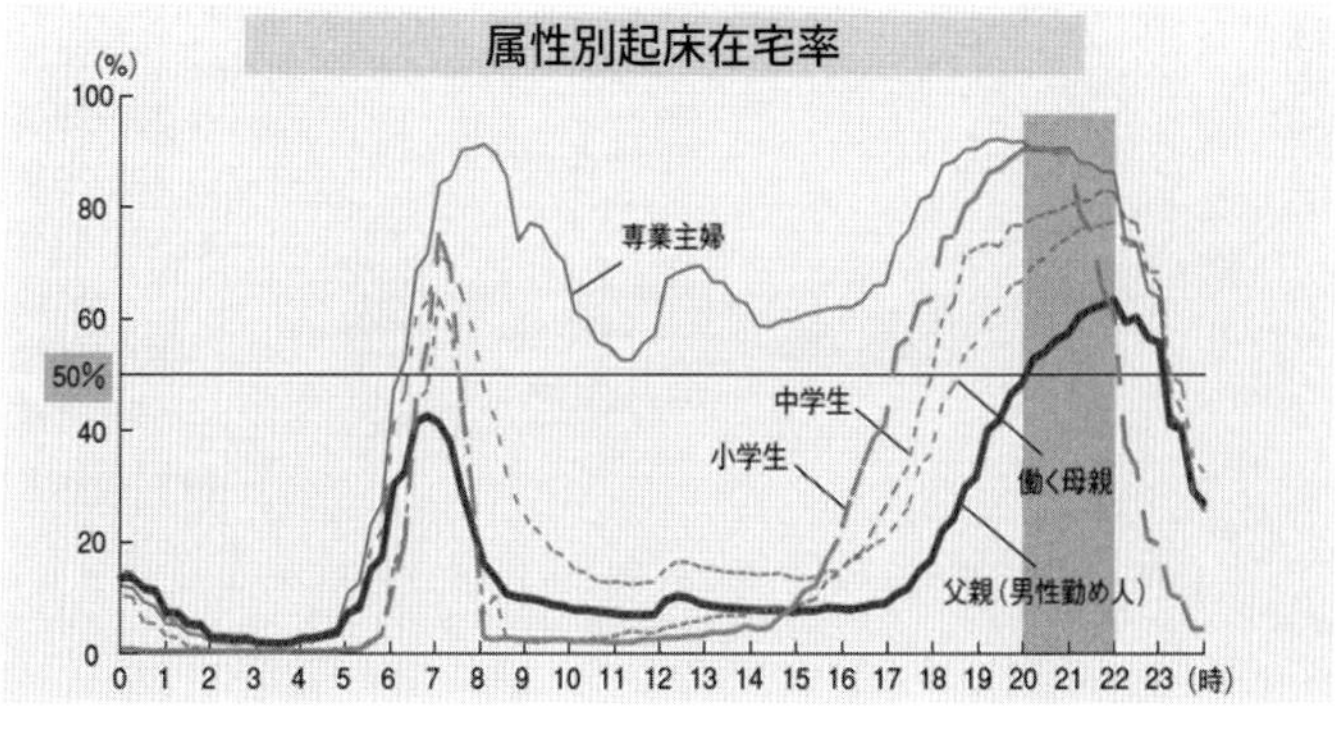


図2

間が10～14歳のグループより40分ぐらい短く、20～24歳のグループよりも10分程度短い。統計上では青少年の睡眠時間はネット時代においても減少していないことがわかる。

## （2）一人で過ごす時間

家で一人で過ごす割合と、その内容について見てみる。総務省「社会生活基本調査」のデータによると中学生・高校生は家にいても一人で過ごす割合が高い。また、一人で過ごす内容は学業・学習で41％、TV・ラジオ・新聞で21％、休養・くつろぎで14％、趣味・娯楽で約10％となっている。内容的に見ても、中学生・高校生として特に不自然な生活形態には見えない。

これらの資料には10歳未満の小学生の

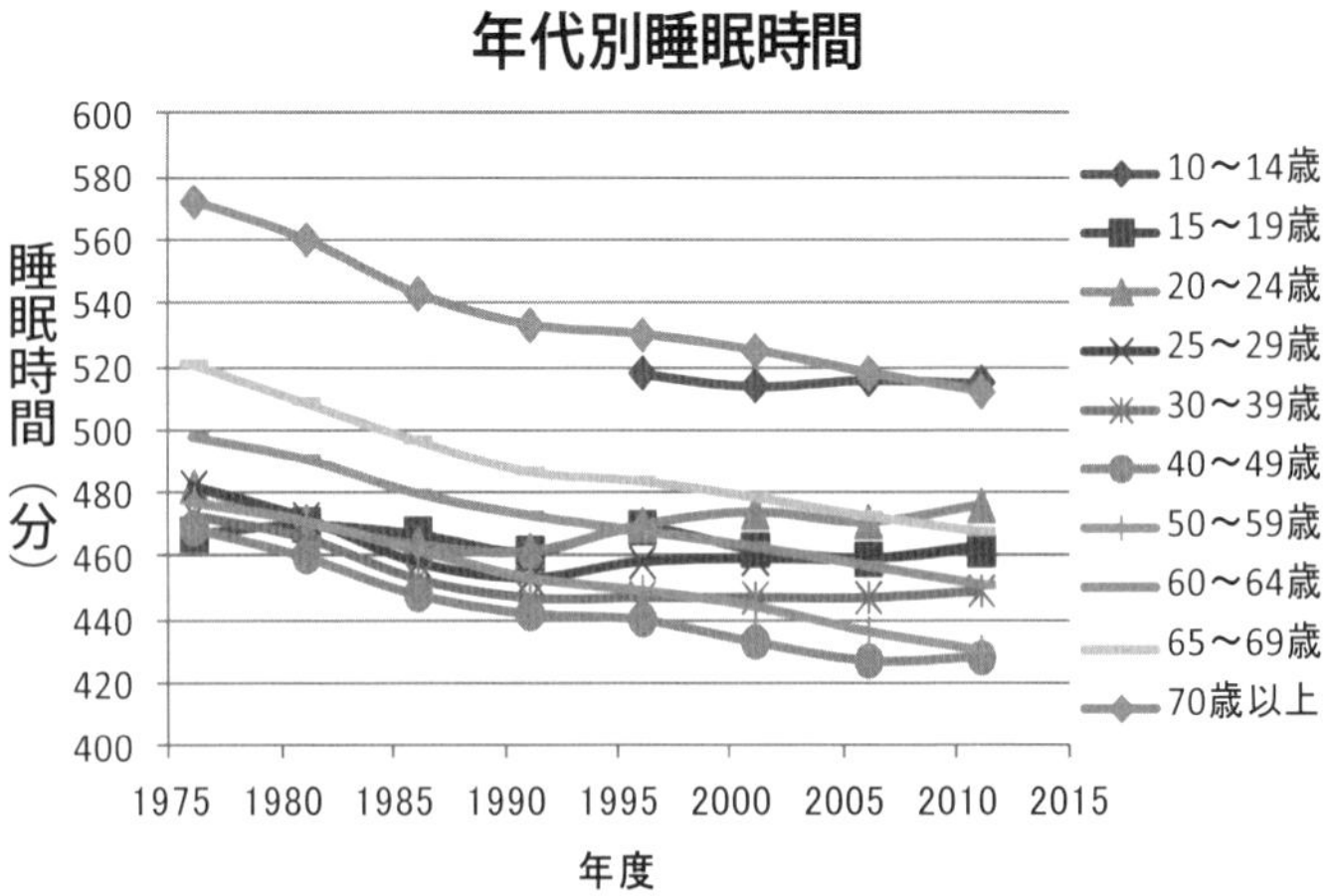


図3

データはないが、10～12歳の小学校高学年に3時間以上一人で過ごす子どもが約4％いるのは、統計上では種々の家庭の事情を考えると決して異常とは言えないであろう。

青少年・子どもの家族とのつながりをみる指標として、同じく「社会生活基本調査」の年代別の食事にかける時間（家族との関わりの時間）のデータがある。これは24歳以下の青少年・子どもの夕食にかける時間、家族とのコミュニケーションにかける時間が他の年代に比べて1割程度少ないことを示している。

### （3）家族以外との交際・付き合い

最近の年代別の家族とのコミュニケーション、人との交際・付き合いに関しては、24歳以下の若者は、家族以外との交際・付き合いが家族より多いことがわかる（図4）。さらに、この交際・付き合いの時間の推移を過去

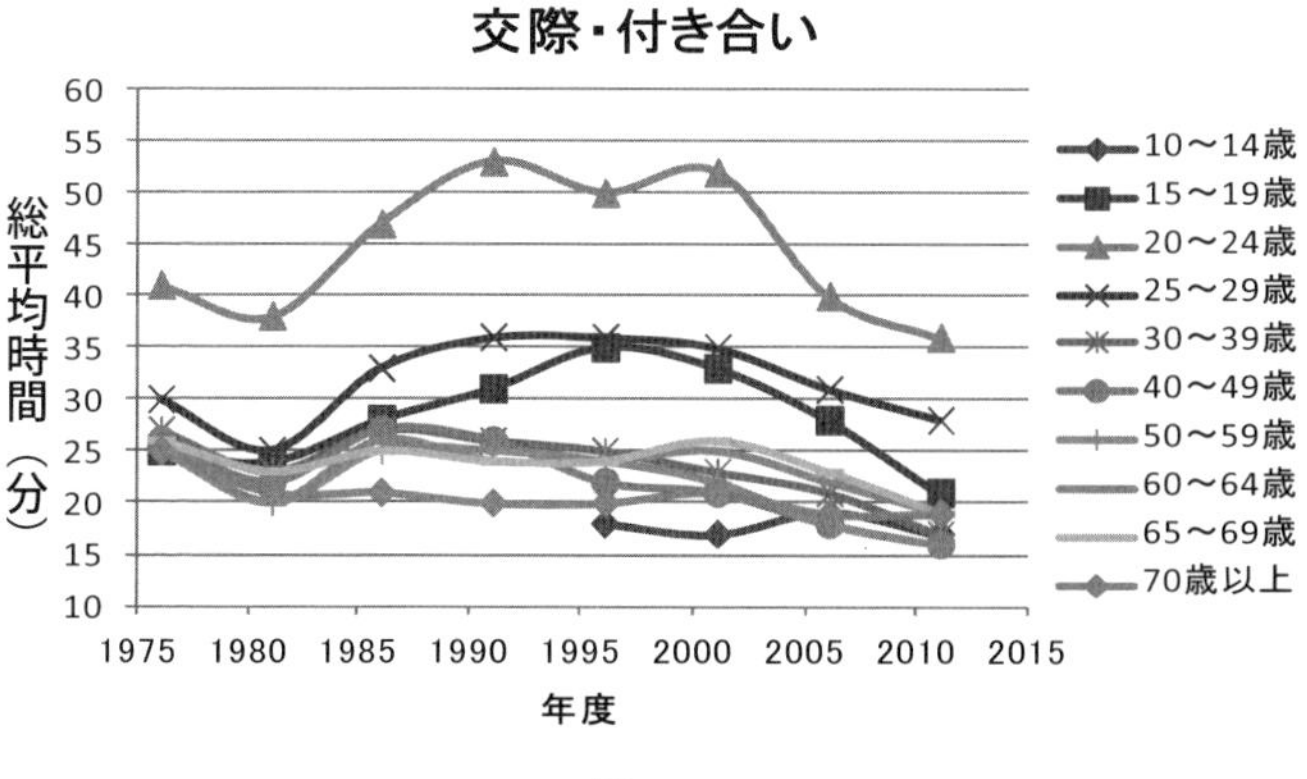


図4

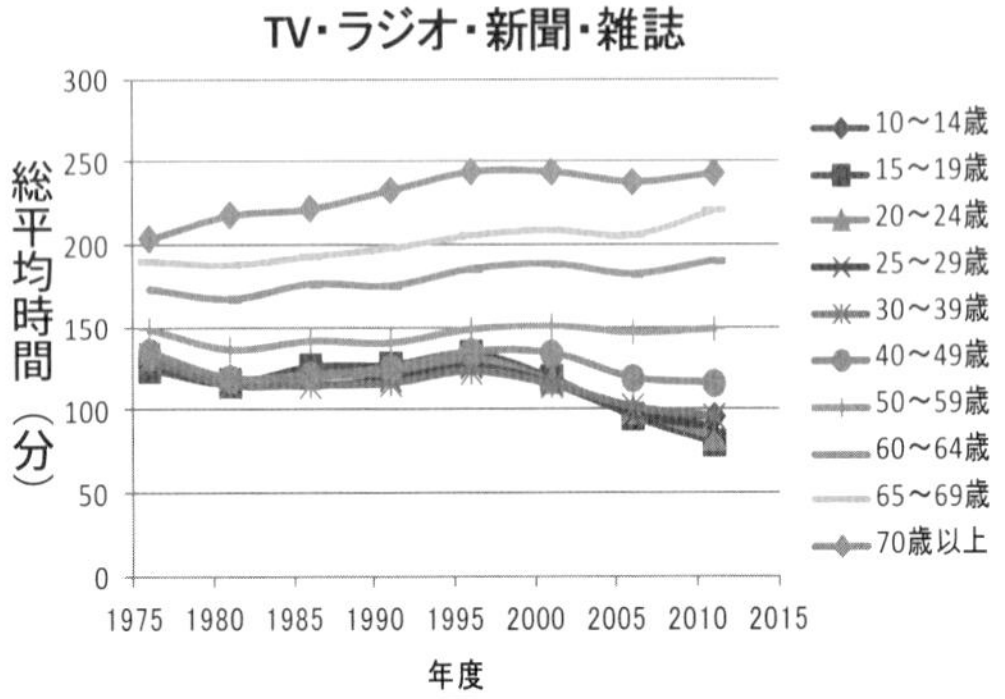

図5

にさかのぼってみると、最も交際時間の長い20～24歳代と15～19歳代において1995年を契機に急激な減少が見られる。これらの年代の次に減少率の大きいのが25～29歳代である。また15歳以上のすべての年代で交際・付き合いの時間の減少が見られる。

## (4) 家庭内における時間の過ごし方

学業にかける時間は、総務省「社会生活基本調査」データによれば、中学生・高校生では2000年～2010年で2～3割程度増加してきている。一時期のゆとり教育からのゆり戻しとも考えられる。他の世代に比べると、彼らのTV・ラジオ・新聞・雑誌を見る時間は減少してきている（図5）。メディアに対するこの傾向は40歳代以下の年齢層に共通しており、インターネット等で必要な情報を得るようになってきていることを反映していると考えられる。

次に年代別の休養やくつろぎの時間と趣味・娯楽にかける時間の推移をグラフ化して示す(図6)。休養・くつろぎの時間に関しては１９９５年以降、70歳以上の年代を除いて、ほぼすべての年齢層で2割程度増加している。趣味・娯楽の時間に関しては、１９９５年を境にしてもっと顕著な増加が見られる。10～14歳で最近は減少しているが、それでも3割程度、15～19歳で6割程度の増加、20～29歳では7割程度の時間の増加が見られる。ＰＣを扱う人の比率が最も高いと考えられる25～29歳

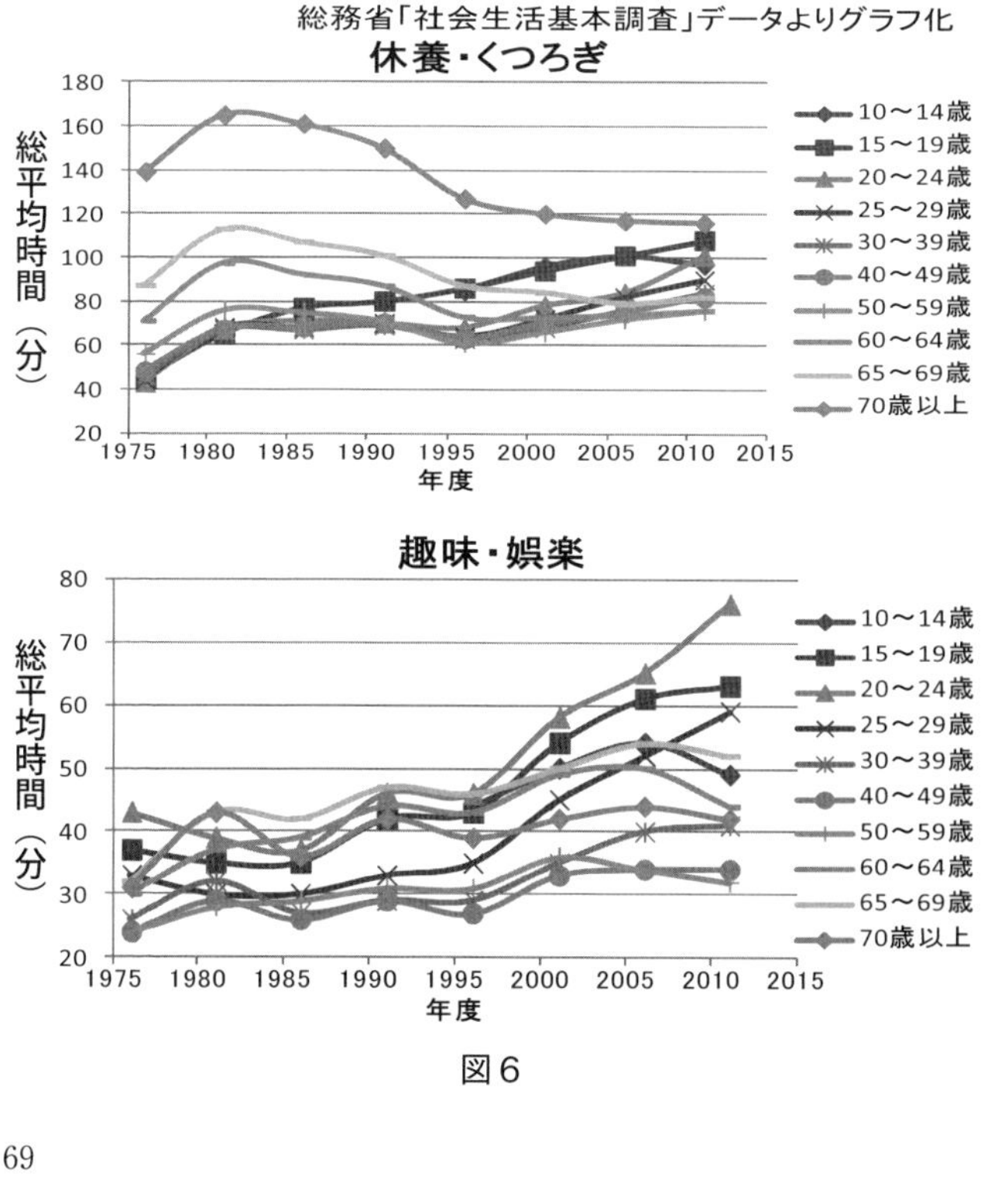


図6

の年齢層で最も早く増加の傾向を示していることも興味深い。

## (5) ゲームをする人の年代別推移

このような生活時間の変化の中で、ゲームをする人の年齢別の時間、行動者率の推移はさらに明確な差異および変化を示している。「社会生活基本調査」データから抽出してグラフ化すると年齢別のPC、ゲーム、テレビを使用している時間は、24歳以下の年齢層でゲーム、PCに使う時間が突出して多いことがわかる（図7）。

テレビ、PC、ゲームの行動者率の推移をみると、1990年から1995年の間に50歳未満のすべての年齢層で顕著な増加が見られる（図8）。この頃に出てきたファミコン等のゲームを、青少年を中心にするようになったためと考えられる。

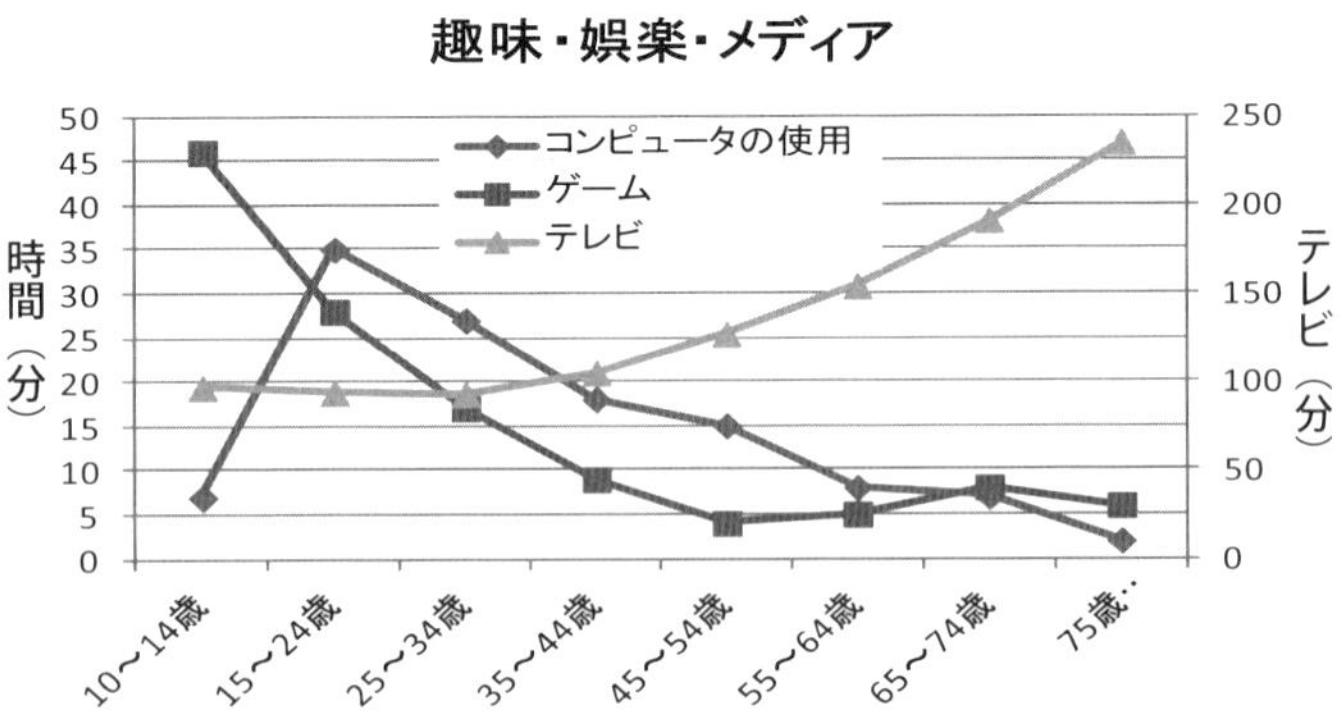


総務省「社会生活基本調査」データよりグラフ化

図7

総務省「社会生活基本調査」データよりグラフ化

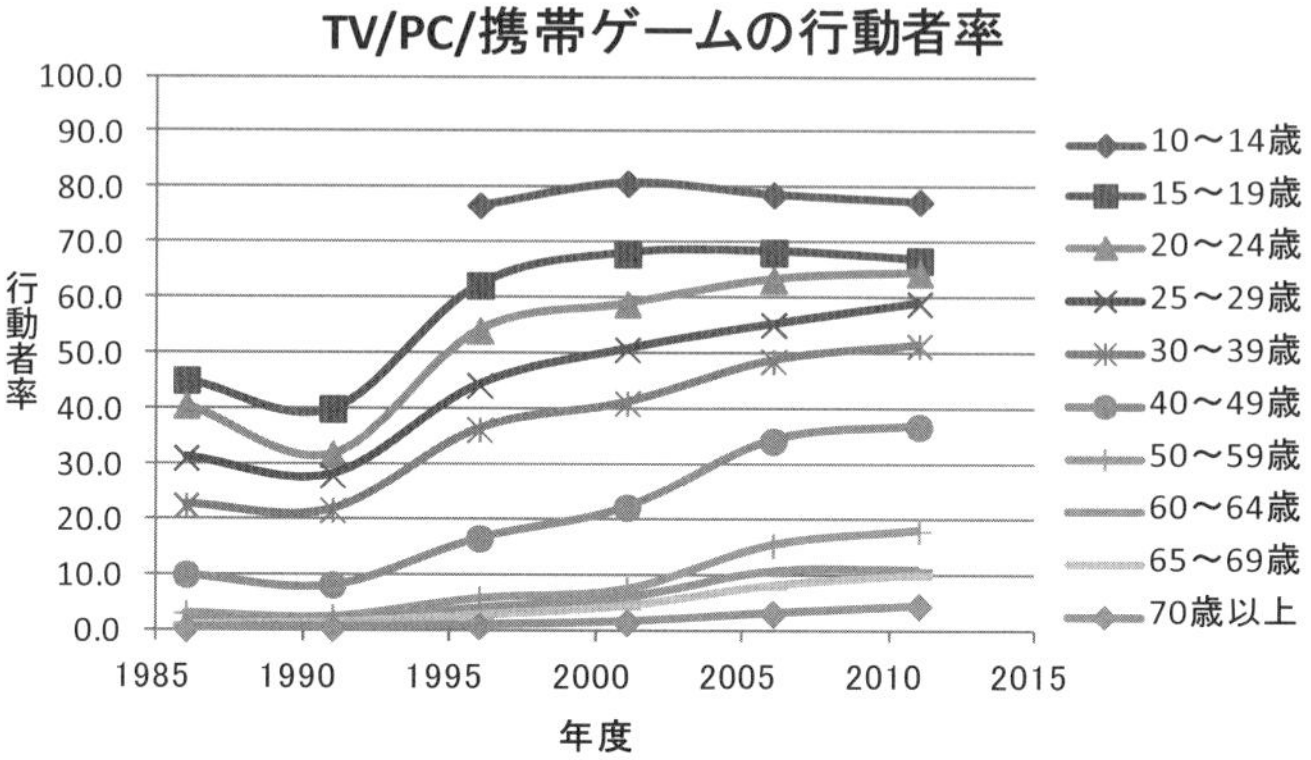


図8

40〜49歳の年齢層もこれを機に年々増加を続けており、1990年以前に比べて4倍近くゲームをする人が増えている。ファミコン等を発端としてゲームをするようになった人たちが、年をとるとともに携帯・スマホ等の新たなゲームを得て高年齢層になってもゲームを続けているということが、このグラフから見て取れる。将来はすべての年齢層でゲームをする人の率が7割ぐらいになることが予想されると、このデータは語っている。最も比率の高い10〜19歳の年齢層の率が減少気味であるのは学業の時間の増加、あるいはゲームからの卒業を意味するのかは不明である。いずれにしても、これらは結婚し子どもを育てるようになっても7割程度の人が携帯、スマホ等のゲームを続ける社会になることを物語っている。

## 5. 家族の中で孤立する危険に晒された子どもたち

1995年以降、20〜39歳の年代の急激に増えた趣味・娯楽の時間とゲームをする人の比率の間には強い相関がある。すなわち、これらの年代の人たちが交際・付き合いの時間を減らして、娯楽時間にゲームをする時間を増やしていると考えられる。

これまで見てきたのは統計データであって、個々の青少年や子どもたちの調査内容ではない。しかしながら、これらデータから1995年を境に趣味・娯楽時間の増加、交際・付き合い時間の減少、ゲームをする人の率の増加等の明らかな変化を見てきた。この変化は、子どもたちの親の年代で交際が減る一方で娯楽時間を増加させ、それがゲーム等へ使われていく実態を明確に示している。

家族の中で子どもたちは、守るべき親からも孤立する危険に晒《さら》されていて、この危険は今後も増加していくと想像できる。浸透するゲーム文化による孤立の中で、子どもたちが正常な脳の基本的発達を遂げる前に、彼らの感性や情緒に歪《ひず》みをもたらしてしまうリスクを高くすることが危惧される。

## 6. 情報インフラの発展と豊かな家族の時間の創造

総務省の「社会生活基本調査」データの中で見てきたのはゲームをする人の率、趣味・娯楽の時間の推移を中心としたものであった。これらが1995年を境にして大きく変化し、これがインターネットの一般への普及のタイミングと合致しているということは、単にゲームという一つのジャンルを契機とした変化ではなく、インターネット全般のもたらすものが社会を変動させていることをイメージさせる。地域や国を超えて、誰でも情報に晒《さら》されるようになったことは冒頭に述べたが、それぞれの年代で情報インフラの流れを正しく活用・利用できるような立法、文化の構築が急務である。21世紀を担う若者の育成の観点でこれら情報インフラのあるべき姿を考え、使いこなす社会の形を考えるべきである。

特に脳の発育過程における乳幼児・児童においては、これら情報インフラの観点に加えて、家庭内での家族の時間の持ち方に十分な注意を払い、子どもの孤立化のリスクを取り除く個々のレベルの対応や指導が求められる。インターネット社会の中での家庭のあり方、子どもたちの感性・情緒育成のあり方を個々の家庭だけでなく社会全体でも考えて、できることを具体的に実践していく必要がある。単に子どもたちのゲーム機、情報端末を取り上げ、制限するのではなく、これ以外のテーマも含めて親子の会話、時間の持ち方を、あるべき方向の行動習慣にまでもっていけるような文化育成が肝要である。

「子どもの生活時間調査研究報告書」（連合総合生活開発研究所　１９９６年）は、短い睡眠、不規則な食事、長いテレビ・ゲームの時間および子どもの疲労とストレス症状について報告し、次のように述べている。

「『ワークライフ・バランス』の実現が急務……。子どもの時間と家庭の時間、社会の時間が『豊かな時間の創造』に向けて協働しあうような関係を構築すること」が必要であること。インターネットが普及し、さらにIoT等で進化しようとしている現在、これらを自在に制御して豊かな生き方ができる若者の育成とそのベースとなる文化が必須である。

コラム

# 取材を通してみたネット社会の子どもたちの姿

川畑　美佳（元南日本新聞社記者）

２０１３年夏から半年間、南日本新聞で「子供の居場所」という長期連載を担当した。５部構成のうちの第１部は「つながりたい〜ネット世代のリアル」というタイトルで、物心ついた時からインターネットが身近にある環境で育ってきた中高生の声を取材。当時は、ＬＩＮＥがはやり始めたころで、紙面では連載を始める前に、インターネットになじみのない高齢者にも分かるようにと、スマートフォンや、ＳＮＳ、ＬＩＮＥ、フェイスブックなどの用語をイラスト付きで説明して掲載した。数年が経《た》ち、すでに今の中高生の感覚とは、ずれてしまっているとは思うが、記録として当時印象に残った声を紹介する。

まず、当時の状況を紹介すると、２０１２年9月の鹿児島県教育委員会の調査で、携帯電話所持率は高校生が94・7％、中学生が23・1％、小学生が16・9％。そのうち、スマートフォンが高校生は48・0％、中学生28・7％、小学生8・5％という時代だった。中学生、小学生は自分の携帯電話を持っている割合は少ないものの、携帯電話以外でインターネットに接続できるゲーム機などの端末については、中学生の66・8％、小学生の48・7％が持っていた。

## ◆気が抜けないコミュニケーション

ある高校2年生女子は、中学3年秋にスマホを買ってもらった。学校内で電源を切っている間と食事、入浴以外、常にスマホを手放せない。朝目が覚めて枕元のスマホを手に取ると、LINEの新着通知が20通。自分が寝てからも、友達がグループでメッセージをやり取りしているからだ。ツイッターやフェイスブックも使う。「0・1秒で世界は更新される。その世界に遅れたくない」と話していた。

LINEは便利だが、メッセージを開くと送信相手に「既読」が表示され、早く返さないといけない気になる。部活動仲間のグループトークでは、活動方針の違いで責められたことがある。ひとりの言葉に乗じて周囲があおり始め、面と向かったら口にしないであろう激しい言葉も書き込まれた。謝ってその場を収めたが、翌日学校で顔を合わせても、その件は話題にならなかったという。学校での人間関係がうまくいかないときは、「家に帰ってもLINEで何か言われるかもしれない」と思う。途切れることのないコミュニケーションに疲労も感じていた。

高校2年生男子は、ＳＮＳの投稿に付くコメントや共感を示す「いいね」の数は、人気のバロメーターだと感じていた。「いいね」が2桁だと「ふつう」か「まあまあ」、3桁だと「人気がある人」だ。自分の投稿への反応が少ないと反省する。「みんなの共感を得られない、個人的すぎる内容だったかな」。そして、「『悲しい人』だと思われたくないから」と、投稿自体を消すそうだ。高校生の中で、「空気を読む」ことの重要性が増していると感じた。

高校3年生女子は、ツイッターなどで友達の近況チェックを欠かさなかった。タイムラインを見ていて、元気がないと気づけば、すぐに返信やメッセージを送る。「信頼関係は、一晩で変わる」と信じているからだ。夜の間に書かれていた情報をキャッチできず、翌朝学校で「自分だけ取り残されてしまったら」と思うと怖いという。

学校の友人たちとインターネットでつながることは、確かに便利で楽しいだろう。その半面、かつてはほとんど学校だけで成り立っていた関係性をつくる場が、夜も休みの日も続くことになる。コミュニケーションに気が抜けなくなり、息苦しさを感じる子どもたちもいた。

### ◆公開情報であるという自覚

高校1年生女子は、フェイスブック上で、会ったこともない県外の中学生から「○○と付き合ってるの?」というメッセージが届いた経験がある。当時、県外に住む男子と交際していた。交際相手がツイッターやフェイスブックなどに載せていたプリクラや名前から「彼女」だと特定したようだった。メッセージに悪意はなさそうだったが、「もしその子が近くに住んでいて、逆恨みでもされていたら」と思い、ぞっとした。「ほかの人から見られているなんて、思いもしなかった」という。自分の投稿を公開する設定にしていたことに気づいていないまま、サービスを利用していた。

ツイッターで、高校生とみられる人が、本名と思われる名前で登録したアカウントが、学校名、学年などの情報を掲載していることは珍しくなかった。特に、プリクラを投稿するアカウントは多く、自分だけでなく、友人の個人情報を出している例もあった。交際相手と別れた高校生が、実名を出して、相手との思い出を写真やプリクラで振り返る動画を作り、投稿する人も多かった。内輪に向けての投稿が、誰でも見られる状態であることを認識している高校生はどれだけいたのだろうか。

### ◆本音出せる居場所

別の記者が取材した高校3年生女子は、インターネットは大切な居場所の一つとしてとらえていた。クラスメートなど顔を合わせる関係の友人とは、LINEで日常の会話をしている。だが、いい関係を壊したくないからこそ、自分のすべてをさらけ出せないこともある。「ツイッターでの顔も知らない相手の方が正直に本音を出せる」と、個人が特定される情報は書き込まないように注意をしながら、インターネットと現実を行き来していた。

勉強に追い立てられる生活が息苦しくなったとき、もやもやをツイッターで吐き出す。思いを言葉にするだけで気持ちが軽くなった。ガス抜きが追いつかなくなり、中退を考えたこともあった。悩む気持ちを投稿すると、予想以上に返信があった。さまざまな立場の人からアドバイスを受け、多くの人が見守っていてくれたと実感したそうだ。ネットでは、多様な立場や考えの人に触れることができる。

## ◆大人とともに使い方模索

当時、インターネットやSNSに関係する事件やトラブルが話題になるたび、「SNSが悪い」という声が挙がっていた。大人と子どもの間での、スマホやアプリなどに対する技術や認識の差は広く、LINEの使用を禁止する学校もあった。

高校1年生の男子は「確かに危険な面はあり、上手な使い方を分かっていない人も多い」としつつも「ネットやSNS自体が悪いように言うのはおかしい」と話していた。物心ついた時から、ネットが使える環境に育った子どもたちにとっては、大人との感覚に違和感を感じる。「ネットやＳＮＳは、必要な道具。大人の考えを一方的に押し付けないでほしい」

生徒指導でも、掲示板での悪口や写真や動画の無断掲載などネットに関係する問題が増えていた。指導した内容を生徒がネット上に明かして、ほかの生徒が面白がってさらに書き込むかもしれない。第三者がなりすまして投稿した可能性を考えずに、不適切な書き込みを指摘すれば、その子を傷つけるかもしれない。30代男性中学校教諭は「そこまで想定して教師が指導できているだろうか」と明かす。進化するネット社会に、大人がついていけない。「ネットの特性を知り、慎重に指導をする必要がある」と話していた。

以上が、２０１３年に取材した中高生の声だ。現在は当時よりも、子どもたちのスマートフォンの普及が進んだ。２０１６年10月の鹿児島県教育委員会の調査では、高校生の92・5％がスマートフォンを所持していた。所持率が伸び始めた２０１３年当時だからこそ、目立つ問題が生じたり、大人と子どもの持つインターネットへの認識に開きがあったりしたように思う。今は、どうだろうか。変わった部分はもちろん多いと思うが、今も共通する問題や意識もあるように思う。子どもたちのインターネット環境が急速に変化した時代の資料にしていただければ幸いだ。

（文中の学年・年齢は当時）

# 子どもと環境・睡眠・貧困編

# 4章　子どもと遊び ― 生活の中から消える暗闇

津田　勝憲（宇都宮大学国際学部附属多文化公共圏センター研究員）

## はじめに

市民公開講座で「子どもと睡眠」というテーマを頂いた時、私が真っ先に感じたことは、子どもたちの「遊び」の変容と、私たちの日常生活からなくなりつつある「暗闇」が、子どもたちの睡眠や成長に与えている影響であった。

子どもの遊びや、その教育的価値などに関しては、古くから国内外を問わず様々な研究が行われている。現在でも、社会環境の変化に応じて子どもたちの遊びの内容も場所も遊ぶ相手も変化しており、その変化に対応する形で多方面から研究され続けている。特に幼児教育では、外遊びの重要性が再認識され、幼稚園や保育園をはじめ様々な場所で取り入れられ始めている。他方、地域や家庭で外遊びをする子どもたちの姿は確実に減少しているが、テレビや雑誌などのメディアでは、この問題を単なる少子化問題と捉《とら》え、家庭や学校教育の中で解決すべき問題とする論調が多く見られる。

今の日本社会は、子どもたちの「遊び」を大人の都合にあった合理的な活動へと誘導するかのように、経済至上主義のもと子どもたちも消費者とみなし、彼らの物欲を掻《か》き立てるような商品を次々作り出し与えてきた。その結果、子どもたちの「遊び」は全く異質なものに変わり、自由な発想と独自ルールで体力の限界まで遊ぶことがなくなった。同時に、日本人の自然観や信仰心の土台になってきた暗闇を、子どもたちの遊び場や日常生活からいくつも消し続け、暗闇を駆逐し、あらゆる生活の場に人工の光を溢《あふ》れさせている（この日本人とは、主に本土にいた人々を指す。北海道のアイヌ民族と琉球王国はそれぞれの風土のもと独特の自然観を有していた）。このような二十世紀的価値観が、子どもたちの遊びの世界を壊し、私たちの社会から曖昧《あいまい》さをなくし、不寛容な社会をつくり出しているのではないだろうか。

ここでは、実際に小中学生と高校生の子どもを持ち、子育てをしている一人の親として、また地域活動の中で子どもたちと関わる者として、子どもの世界の遊びの大切さや不思議さ、そして私たちの生活から消えつつある暗闇との関係を考えてみたい。

## 1. 子どもの置かれている現状

戦後、驚くほどの高度経済成長を遂げた日本は、効率的な生活を求めて急激に都市化してきた。それに伴い、地域社会の有機的な結びつきは希薄化し、これまでのような「地域の子どもたちは、地域で育てる」ということもなくなり、地域独自の教育力もなくなってしまった。これは都市部だけの話ではなく、筆者の住む栃木県の田舎町でも同様であり、どこの地域でも同じような状況になっている。屋外で活動している子どもを見かける時、多くの場合それは、少年野球や少年サッカーのクラブチームが公共施設のグラウンドで練習している姿であり、体育館では、夜間にバスケットボールやフットサルなど、やはりクラブチームで活動している子どもたちが多い。児童公園や児童施設で遊ぶ子どもたちはいるものの、そこには「静かに遊びましょう」「大きな声を出してはいけません」といった、およそ子どもの遊びとは無縁の注意書きがあるため、子どもたちは携帯型ゲーム機などを手に数名でオンラインゲームなどを静かに楽しんでいることが多い。空き地に至っては、責任問題を問われかねないため、立ち入り禁止の措置が取られ、中に入ることすら許されない場所がほとんどである。

筆者は埼玉県の住宅街で育った団塊ジュニア世代であるが、私が子どもの頃の遊びは、まず遊び場所の選定から行っていた。野球やサッカーなどのスポーツ系なら小学校の校庭。缶けりや鬼ごっこ、かくれんぼ、ブランコや砂場遊び、虫取りであれば雑木林のある近所の公園。ザリガニ釣りなら用水路、秘密基地をつくるのは近所の空き地。雨の日は、どこかの屋内でメンコやコマ回しと、どこで遊んでいても大人に管理されることはほとんどなかった。子どもの人数が多かったこともあり、サッカーや野球、ドッジボールなどは、道具も不揃《ふぞろ》いなことが多く、みんなで持ち寄って貸し借りをしたり、代わりになる物を探してきて代用したりと、子どもたちの中で折り合いをつけて行うのは、ごく当たり前のことだった。当時は異年齢の子ども同士で遊ぶことも多く、学年が上がるにつれ下級生への対応を話し合いで決め、毎回違う独自のルールもつくっていた。子どもたちが遊びの中で当たり前に行っていたこれらの行為は、ここ数年、大学で取り入れられ始め、小中高校でも導入が検討されているアクティブ・ラーニング（子ども同士が議論や協調しながら、積極的に参加し、様々な課題を解決しようとする試み）の典型であり、日常の遊びの中から、知らず知らずのうちに「生きる力」として体得していたのである。

今の子どもたちと親世代が子どもの頃の遊びで大きく異なる点は、大人が子どもの遊びに介入し、管理・指導をしているか否《いな》かである。大人が介入することで「遊び」が遊びではなくなり、そこには目標が設定される。合理的な練習メニューが組まれるだけでなく、専門の用具も用意され、場合によっては保護者が休憩時の飲み物やお菓子まで用意することもある。今では何の変哲もない日常の光景のように見えるが、私が子どもだった頃には全く見ることがなかった光景である。子どもたちは自由に遊べる空間を失い、異なる年齢の仲間を失い、塾や習い事などで自由な時間さえ失っている。大人の介入なしには、外で自由に遊べないという状況をつくり出したのは、私たち大人であるということを認識しなければならない。

このような大人が管理する遊びを木谷忍氏・木村美智子氏は「こういった遊びは、ホイジンガやカイヨワによる先駆的な研究からすれば、人間の遊びではない。遊びには守るべき厳しいルールが必要であるが、それは楽しむためのものであって、楽しくなくなればすぐに改変されていくものである〜（中略）〜地域社会における子どもたちだけの異年齢間の遊びはヨコの人間関係の遊びと違い、遊びを年長者から伝承したりすることで多彩にし、異年齢遊びの集団が地域に根付くことで同年齢の集団と違い、子どもの世界において大人の介入することのない遊びの自主性を得ることができるのである」（＊1）として、子どもたちの置かれている現状に警鐘を鳴らしている。

三つの間（遊べる空間・異年齢の仲間・時間）を失い、外で遊ぶことすら大人の管理が必要になっている今の子どもたちを、昔の子どもたちと単純に比較し「今の子どもは、家にこもってオンラインゲームやスマートフォン・インターネットばかりで外遊びをしない」などと一方的に決めつけるのは、あまりに短絡的で、この問題の本質を見誤ってしまう可能性がある。

他方、将来のためとして下校後すぐに習い事や塾へ行き、明るい電燈の下で夜遅くまで勉強する子、あるいはオンラインゲーム機やスマートフォンをはじめとした通信機器の進化に伴って、インターネット上の仮想空間が自分の居場所だと思う子どもが増えてきたことは内閣府が公表している『子ども・若者白書』（＊2）から読み取ることができる。平日の子どもたちは、学校という集団生活の場で、先生という大人に管理・指導され、放課後や休日の生活でも大人が介入し同じような指導が行われるとしたら、子どもたちだけの自由な遊びの中から得る経験や様々な社会力を身につける機会を奪っているのではないか。

緩やかな経済成長が続いているとされる日本で、「一億総活躍社会」が国是の一つとして掲げられ、社会に出て働くことが賞賛される風潮が強くなっている。この場合の社会とは、資本主義経済のもと、生活の糧となる賃金を得る社会を指すが、私たちの生活の場は、あくまで地域社会であって、地域の一員として生活している。残念ながら生活地域での活動はお金に換算しにくいために軽視されがちで、子育て世代の多くが共働きを選択し、子どもの遊びを地域で育もうとする大人の目が地域からなくなりつつある。

今の大人たちは「あぶない」「きたない」「他人に迷惑をかけない」などの理由から、子どもたちの遊びを制限し、合理的な視点のみから管理し、「安全に」「きれいに」「静かに」そして「効率的」に子どもたちが遊ぶことを求めている。そこにうまく合致したのが、携帯型オンラインゲームを含むテレビゲームや仮想空間で遊ぶことができるスマートフォン、タブレットなどの通信機器である。オンラインゲームやインターネット、スマートフォンは近年になって急激に発展してきたが、子どもたちの遊びの変容ということに関しては、1970年代から80年代にかけて「ミクロユートピア」「ファミコン」「子どもと遊び」などをキーワードに深谷和子氏（＊3）や芹沢俊介氏（＊4）、飯島吉晴氏（＊5）、本田和子氏（＊6）らをはじめ多くの研究者によって議論されてきた。彼らが丁寧に考察した内容は、現代の子どもたちにもそのまま当てはまることが数多くある。これが意味するのは、この約40年の間、日本の社会は子どもたちに対して何もしてこなかっただけでなく、ゲーム機などの様々な機器を通して、子どもたちの遊びを「均質化」し、多様だった地域の風土と遊びを市場経済に取り込むことで、地域の風土だけでなく、子どもたちの多様性も奪ってきたということである。

## 2. 遊びの中にある子どもの視点

子どもにとっての「遊び」とは、どのようなものなのだろうか。飯島吉晴氏の言葉を借りれば「子どもにとっての遊びは生活の一部ではなく、そのすべてが遊びといえる。遊びは日常性の逸脱といえるが、日常の生活秩序がまだ十分に出来上がっていない子どもはすぐに遊びに夢中になり、容易に日常性から逸脱して、非日常の世界に行くことができるのである。子どもは、自分の意志で自らの身体と想像力を駆使してこの遊びの世界で自由にふるまうのである。」（＊7）

子どもの遊びを見ていると、常に合理的な考えのもとで動こうとする大人の視点では理解できない遊びが数多くある。例えば、最近小学2年生の息子と海へ行った時に感じた子どもの視点は、とても面白いものであった。彼は海で泳いだ後に、波打ち際の砂浜を掘りはじめ、掘った砂を使って（掘った穴を波から守るような形で）城壁と称して、海側に高さ数センチの砂山をつくり、掘った穴の中に自分が入り「高さ5メートル、大きな波に耐えます」と言って、仲間である私に嬉々《きき》として実況し、穴に入り目線を波の高さに合わせると、より楽しめると教えてくれた。この時の彼は、現実には数センチしかない砂山であることを理解していたが、もう一方の「遊びの世界」の中では、自分の居場所を波から守る5メートルの城壁として機能し、実際に押し寄せる波との戦いを楽しんでいた。彼にとっては「どちらも本当であると同時に、どちらも嘘」という不思議な視点であった。本田和子氏は、このような子どもの視点を「遊ぶ子どもの世界を見る視力は、常に二重であり、世界を測る目盛も一本ではない。彼らが生きているのは『現実』と『非現実』が共存し、『昼』と『夜』が同居する世界である。～（中略）～彼らの世界は絶えず反転し、ネガからポジに、或《ある》いはその逆にめまぐるしく変貌《へんぼう》する。しかもその中で、子ども達は常に嬉々として、惑いもない」（＊8）と論じている。自分が楽しいと感じ、ワクワクする感情がこみあげて、目の前にある、大人から見れば何の変哲もない場所でさえも、その場で遊びを創造し仲間と一緒に楽しむことができる。これに対し私たち現代の大人は、これらを理解しようとせず、自らの合理化された物差しで判断し、排除しようとすることが多い。

では、かつての大人たちは、子どもたちの不思議さをどのように捉《とら》えていたのだろうか。本田氏は、かつての大人たちは、子どもの持つ不思議さ（二重の視力）を昼の論理（合理的視力）で性急に整除し、すべてを未発達という言葉で排除することなく、その不思議さの中に生活を活性化させるすべを見出《みいだ》していたと指摘している。また、柳田国男は「児童に遊戯を考案して与えるということは、昔の親たちはまるでしなかったようである。」（＊9）として、三つの理由をあげている。一つ目は、小学校などの年齢別制度と違い、年上の子どもが面倒を見ることが多かった点。二つ目は、子どもたちの自治。彼らが自分で思いつき考え出した遊び方を行っていた点。三つ目は、彼らの遊びの中に大人の仕事の真似《まね》が多くあり、子どもに近い青年の仕事をまねていた点である。特に異年齢の子どもたちの自治による遊びから得られる「子どもの社会力」とは、いわゆる勉強の学力ではなく、数値化することが難しい非認知能力にあたる。これは「忍耐力がある」「社会性がある」「意欲的である」といった、人間の気質や性格的な特徴のようなものを指し、最近小中学校でよく耳にすることが多くなった「生きる力」と言われるものである。保護者にとって、子どもの学業成績はとかく気になるもので、学校で行われる定期テストや学力テストの成績だけを見て、子どもを評価してしまうことが多くあるが、むしろ社会に出る上で重要なのは、これらの非認知能力である。中室牧子氏は「非認知能力への投資は、子どもの成功にとって非常に重要であることが多くの研究で示されています。非認知能力は、人生のかなり長い期間にわたって、計り知れない価値を持ちます。」（＊10）と、数値化が難しく見逃されがちな「生きる力」である非認知能力の重要性を指摘している。

## 3. 日本人の自然観と暗闇

内山節氏は、日本人の自然観について「日本では伝統的には、自然を人間の外に展開する客観的なものとしてとらえる発想がなかった。その理由は村の自然として作り変えたものが自然だったからである」（＊11）としている。里山・里海はまさに人が働きかけを行い改変してきた場所であり、生活の場でもあった。日本は海に囲まれ、海洋国としての一面がある一方で、森林の多く残る山国でもある。林野庁によれば、国土面積に占める森林面積の割合を示す森林率は、67％と国土の3分の2が森林である。これは、世界の国の中でも森林率の高いことで知られているフィンランドやスウェーデンのように、日本も世界ではトップクラスの森林国ということができる。その多くが「拡大造林事業」で植林された針葉樹であるとしても、日本各地の四季を通した気候に適応し、生活に密着した風土は、今なお日本各地に残っている。特に日本の四季の変化は、日本人の自然観を醸成してきた。しかし市場経済の発展により、その豊かな自然観も徐々に変わりつつあり、子どもたちの遊び場の一つでもあった里山も、その多くが姿を消している。

では、日本の風土に培われ、私たちの生活の中に根差した自然観とはどのようなものなのか。中学校で習う古文からその糸口を見つけてみると、日本を代表する『古今和歌集』

や『新古今和歌集』などでは、「虫の音（声）」や「風の音」、鹿などの「動物の鳴き声」「草木の香」など自分たちの身の回りにいる他者を、自分の心情と合わせて歌っているものが数多くあり、自らを自然の一部ととらえ、自然に対し力で対抗するのではなく、自然に寄り添う形で生活していたことがうかがえる。

暗闇に関しても「春はあけぼの。やうやう白くなりゆく、やまぎはすこしあかりて」で始まる『枕草子』では「春は夜明け前」が良い。「夏は夜」が良い。月が明るい頃（満月の頃）はもちろんだが、闇の頃（新月の頃）であっても、ほたるが飛びかっているのが良い。「秋は夕暮れ」が良い。「冬は早朝」が良い。としている。清少納言は、第一段で季節ごとの美しい時間帯をそれぞれ詠んでいるが、どの季節も昼間の明るい光の下ではなく、暗闇または薄闇の時間帯を美しいとしている。清少納言はじめ、当時の日本人にとっては、暗闇は忌み嫌う対象などではなく、その中にある静けさや美しさ、その雰囲気を楽しむことを知っていた。このような暗闇を含めた身近な自然との向き合い方が、日本人の自然観を育んできたと言っても過言ではない。

絵画の世界では、日本画家の小川芋銭《おがわうせん》が描いた「畑のおばけ」は、百鬼夜行絵巻や鳥獣人物戯画をモチーフに、芋銭の自然観と自然への畏敬の念を表す素晴らしい作品だが、これもまた闇夜を描いている。その他にも、多くの日本画家が薄闇の仄《ほの》暗い作品を数多く残している。作家の谷崎潤一郎は著書の中で、日本建築の特徴を「寺院のみならず、宮殿でも、庶民の住宅でも、外から見て最も目立つのは、ある場合には瓦葺《かわらぶ》き、ある場合には葦《あし》葺《ぶ》きの大きな屋根と、その庇《ひさし》の下にただよう濃い闇である。」とし、座敷の美しさを「庭からの反射が障子を透かしてほの暗く忍び込むようにする。われわれの座敷の美の要素は、この間接の鈍い光線にほかならない。」（＊12）と述べている。いかに日本人が陰翳《いんえい》を理解し、光と陰を使いこなして建物を建てていたのか。日本家屋の特徴は暗闇の使い方といえる。事実、全国の神社仏閣や庇《ひさし》のある軒の深い旧家などの建物は、外の光が強ければ強いほど中は暗く見え、薄闇に包まれた室内は、外の反射した光が、さらに障子の和紙で弱められてできたもので、日本を訪れる外国の人々がその幽玄味を帯びた和室に日本文化をみるというのも納得できる。

この日本家屋が持つ闇の美しさに関して、中野純氏は「暗い家は、八百万《やおよろず》の神に包まれながら生きていく精神も育んだ。妖怪だけでなく、神様も闇を好む。だからお祭りは夜にやった。そして、昔の日本家屋は暗かったから、家のいろんな場所に神様がいらっしゃった。～（中略）～八百万の神に包まれながら生きるという事は、つまり、人間が世界の主にならないという事であり、謙虚に生きるという事だ。唯一絶対の神の下で生きると、その神の名を借りて、実質人間が世界の主になる危険が大いにあるが、八百万の神をまとめて傀儡《かいらい》にするのは難しい。そこらじゅうに神が宿ると、謙虚になるしかない。生活から暗闇を消し去り、八百万の神を追い出したから、謙虚さを失った。謙虚さを失ったから、人間の便利のためならどれだけたくさんの種が絶滅しようとも、地球環境がどうなろうがかまわないという精神が育った。」（＊13）と、私たちの社会が失いつつあるものを指摘している。残念ながら今の子どもたちの多くは、家屋からも遊び場からも自然が切り離されたことで、暗闇の持つ怖さや美しさ、畏敬の念を学ぶ機会を失ってしまったのである。

## 4．生活から排除される暗闇

これまで子どもの遊びや暗闇について見てきたが、ここでは遊びや私たちの生活から排除される暗闇を通して見える問題点を、別の角度からもう少し掘り下げてみたい。

私たち大人の合理的な視力は、学校教育で習った科学的思考がもとになっている。現代の日本では「暗闇」は負のイメージが強く、残念ながら私たちの生活する社会全体からだけではなく、子どもたちの遊びの空間からも排除されつつある。そこには、非科学的な妖怪や八百万の神の存在など一笑に付され、「明＝善」「闇＝悪」「明＝生」「闇＝死」という二項対立的な視点が強化されている。その視点は、曖昧《あいまい》さを失いつつある生活社会全体に広がり、寛容性の喪失や、世の中の生き辛さにつながっているのではないだろうか。このことに関して茂木健一郎氏は「僕ね、ひょっとしたら現代人の問題のかなりの部分って、世の中が明るすぎることにあるのかもしれないなぁと思うんですよ。〜（中略）〜現代だとね、罪を犯した人をまるで不良品のように扱って、あんな奴どっかにやってしまえとかね、すぐそうなるでしょう。もちろん犯罪は犯罪ですよ。それは江戸の世だろうと平成の世だろうと変わらないんだけど、人間の心に巣食う闇の部分に、昔の人はもう少し寄り添えるだけの心の余裕があったのではないかと思うわけです。では、どうして昔の人はそれだけの幅があったかということを考えてみますと、ちょっと飛躍しすぎかもしれませんが、それは日常にも暗闇が存在していたからではないかと思うんです。〜（中略）〜その暗闇の中には、いろいろな魑魅魍魎《ちみもうりょう》もいただろうし、中には当然人間の心の闇から出てきたなにかもいたでしょう。そこで日本人は現実の暗闇とも人の心にある暗闇とも向き合っていたと思うんです。」（＊14）と暗闇が日常生活の一部だった頃の日本人の寛容性に触れている。今の私たちは、家の中が暗くなりはじめればすぐに明かりをつけて、部屋の隅々まで蛍光灯やＬＥＤ電球で明るく照らし、エアコンを使用し外の世界を遮断することで二十四時間自分たちだけの空間で過ごすことが可能になった。街中では、街灯のＬＥＤ化により省電力化が進み、その分さらに多くの街灯が設置され明るい街並みとなりつつある。暗闇を楽しむどころか、闇に耐えることすらできなくなっている中では、謙虚さも人の心の闇に寄り添う心も自然に失われていく。

では、日本人が暗闇を排除し始めたのはいつ頃からなのだろうか。おそらくそれは、各地に残る民話に登場するキツネに人間が化かされなくなった頃と重なる。内山節氏は、人間がキツネに騙《だま》されなくなったのは、高度経済成長や燃料革命と重なる形で、人間の営みが地域の自然から切り離された1965年頃だと考えている。人間がキツネに騙されなくなった理由の一つとして、学校教育の変化を挙げている。村で苦労なく暮らせるように様々なことを家族や地域の人々、先輩などから教わる「村の教育」がなくなり、学力偏重の学校教育は、子どもたちだけではなく大人たちにも合理主義に価値を見出《みいだ》す意識を持たせた。結果として「進学率の向上とともにおこった村人の精神世界の変化。それがキツネと人間の間に成立していた非合理的なコミュニケーションを不可能にしていった。〜（中略）〜必ず『正解』があるような教育を人々がもとめるようになったとき『正解』も『誤り』もなく成立していた『知』が弱体化していったのである。」（＊15）。学校教育の変化は、キツネに騙される能力だけではなく、八百万の神や妖怪の存在も日常生活の暗闇から消し去ってしまったのである。

ここ数年、私は町の育成会が行う小学校高学年・中学生向けの研修会で、研修会初日の夜に地域の山に住む生き物たちの話をしている。その後、研修所の裏山へ各班に分かれてナイトハイクに出かける。人間の目は星明かり程度の明るさがあれば、明所視から暗所視に切り替わることで（暗順応）ある程度の視界は確保できるので、普段から自然に接していれば、暗闇の中に様々なものを感じながら楽しむことができる。しかし、ナイトハイクに出かける子どもたちの様子を見ていると、暗闇を楽しむどころか欧米のホラー映画や日本の呪《のろ》いを描いた映画、バーチャルゲームの影響が色濃く出ていて、子どもたちの多くは、何かが襲ってくるような「恐怖心」しか抱けず、暗闇の楽しさや美しさを感じ取ることができない。この恐怖心だけを抱かせてしまう暗闇を「動の暗闇」だとすれば、自然と関わり合いながら、普段の自由な遊びや生活の中で、八百万の神や妖怪、様々な生き物に囲まれて、いくつもの感性から感じ取る暗闇は「静の暗闇」と言える。この「静の暗闇」からは「恐怖心」だけではなく、謙虚さから生まれる「畏敬の念」が育まれ、暗闇の中にある楽しさや美しさに触れることができるのである。

## 5. あるNPO法人の取り組み

児童公園とは、都市公園法（1956年）に基づき、児童の遊び、スポーツ、レクリエーションに供する公園施設とされているにもかかわらず、ここ数年公園内でのボールの使用はもちろん、大声を出すことすら禁じられた公園が目立つ。これまでどこにでもあった子どもの遊びの場が減少し、市場経済の発展と社会構造の変化により、子どもたちの置かれている現状はとても窮屈になっている。こうした現状に対し、近年、主に環境教育の視点から、自然体験活動を目的に各種団体やNPO法人などが活動をしており、ネットワーク化も見られるようになった。

私も栃木県栃木市北部で活動しているNPO法人「自然史データバンク　アニマnet」(＊16)(以下アニマネット)が行っている活動に家族で参加している。この活動に参加している家族の多くは地元の方々で、未就学児から中学生まで幅広い年齢層の子どもたちが参加している。アニマネットはNPOとして、生き物の自然史資料の収集と蓄積を行ってきたが、その活動の幅を広げ、今では大きな柱が三つある。一つ目は「生き物調査隊」。この活動は、身の回りの地域にいる生き物を、年間を通して観察し、地域の生き物の変化として収集し、それらをデータ化している。二つ目は「森カフェ」。この活動は、自分たちの住む地域で活用されていない山の中に、参加者の手で一からカフェをつくっている。その作業は、木の伐採から皮むき、製材を行い、そこから参加者全員で決めたコンセプトに沿って、森の中にオープン・カフェという名の、非日常の遊び場をつくる。このカフェでは、自分たちで育てた農産物を使って自分たちで料理を出し、子どもも大人も同じ空間で楽しんでいる。

三つ目は「フロッグス」。この活動は、アニマネットの活動の土台となる部分で、地域の休耕田や耕作放棄地を活用して農業を行っている。活動拠点は、地域で空き家になっていた大きな農家住宅で、母屋《おもや》と納屋《なや》を自分たちで再生した。彼らの基本理念は、農業を「生きた土づくり」だと考え、生きた土をつくることで、自然の様々な生き物たちの居場所づくりを行い、農業を通して、美味しい作物を頂くことはもちろん「なぜ生物多様性を守る必要があるのか」「生き物と人間のかかわりとはどのようなことなのか」を体感し見える形にしながら行っている。

アニマネットの行う「生き物調査隊」や「森カフェ」は一見すると環境教育的なものだが、いわゆる「子どもの自然体験型学習」とは異なる。自然体験型学習に取り組む団体の多くは、①安全な遊び場を確保し、②異年齢の子どもたちと自然の中で時間を共有し、③自分の持つ五感を総動員して自然とかかわることを目的にしていることが多い。これだけでも素晴らしい活動で、現代の窮屈な遊びを強いられている子どもにとっては、最高の遊び場所であることは間違いない。しかし、アニマネットが主催する「生き物調査隊」や「森カフェ」がそれらと大きく異なる点は、保護者という大人が「異年齢の子ども」として、活動に参加していることである。すなわち、そこに参加している全員が、誰かに管理されることなく、ただ同じ方向性を持ちながら遊んでいる。子どもにとっては文字通りの「遊び」であり、異年齢の仲間から様々な刺激を受ける。一方、大人にとっては日常生活の合理的な視力から解放され、自分たちが忘れかけていた「二重の視力」や「空想力」を取り戻すことができる時間になっている。今の社会では、生活の中で合理性・効率性をあらゆる場面で求められるが、このような硬直化し弾力を失った日常をよみがえらせるものとして、大人が、遊ぶ子どもの一員となることができる「生き物調査隊」や「森カフェ」は、ひときわ意義深い活動といえる。

この二つの活動場所は、参加者の身近にある山の中である。私たちの生活から切り離された山は、普段から見過ごされ気にもされていない。しかし今でも、様々な生き物が住み、暗闇の中には妖怪や八百万の神がいる。彼らの存在は、私たちを常に謙虚な気持ちにさせてくれるだけでなく、その存在に気付くことができる力やキツネに騙《だま》される能力など豊かな自然観を復活させてくれるかもしれない。

## おわりに

先日、小学校の授業参観で子どもと一緒に工作をする機会があった。その後の学年懇談会で保護者の方々から「久しぶりに子どもと一緒に作業ができて楽しかった」という声が多く聞かれ、年々子育て世代の忙しさが増していると感じた。親たちは、その多忙さと何事にも不寛容な現代社会に対応するために、子どもたちの遊びを制限し、おとなしくさせる道具として、また市場経済の消費者として、ゲーム機やスマートフォンをはじめとした通信機器を子どもたちに与えてきた。その結果、子どもたちに現れ始めた病が、増田彰則氏らが『時の法令№２０２５』（＊17）でレポートした「睡眠障害」や「ネット・ゲーム・スマホ依存」である。これに対し、三池輝久氏は『子どもの夜更かし脳への脅威』（＊18）の中で、科学的知見をもとに子どもの睡眠を多角的に分析し、体内時計の調整のために家族ぐるみで行う規則正しい生活リズムの重要性を指摘している。

しかし共働き世帯が増え続ける今、家の中を煌々《こうこう》と照らし、住宅の高断熱・高気密化で外界とのつながりすら切ってしまった夜型生活世帯は今後も増え続けるだろう。この問題は、各家庭の問題ではなく日本社会全体の問題である。合理的な視力は曖昧《あいまい》さを嫌い、二項対立的な視点から他者（自然だけでなく、家族に対しても）に対して不寛容な社会をつくり出し、そして他者に対して不寛容な社会は、他者を認めるという弾力を失い硬直化し、無関心へとつながっていく。今の子どもたちにかかわる諸問題の根源は、この硬直化した私たちの社会全体であると言えるのではないだろうか。

前述したように、現代の子どもたちの多くは、日常生活の一部としての暗闇を身近に感じていないために「静の暗闇」を知らない。私は、この煌々《こうこう》と照らされる現代の家の中に「静の暗闇」が差し込むことが、日本社会に弾力を持たせるカギになるのではないかと考えている。

日本の自然がもたらす四季は、実に様々な闇をつくり出し、私たちを楽しませてくれる。春は、暗闇から漂う梅や桜をはじめとした植物の匂い。梅雨時は雨音や蛍。初夏はアオバズクや蛙《かえる》など生き物たちの声。夏から初秋は蜩《ひぐらし》や虫の声。秋は闇夜を青白く冷たい光で照らす月光と虫の声。初冬は落葉する葉の音。冬は雪夜の静寂と張りつめた空気。どれも昼間に体験するよりも、夜に視覚を制限し臭覚や聴覚で感じ取る方が、はるかにリラックスして楽しむことができる。週末の2日間、スマートフォンやゲーム、テレビを止めて人工的な光をなくし、家の中をランプだけで過ごしてみてはどうか。大人も子どもも「静の暗闇」の中に何かを感じ取れるかもしれない。日没後の「静の暗闇」は、人間にとって肉体的にも精神的にも、そして睡眠にも欠かせないものである。

## 参考文献


＊1　木谷忍・木村美智子「子どもの遊びを原点とした地域環境教育を推進する官学民の協働社会に関する研究」２０１２年　http://www.agri.tohoku.ac.jp/agriecon/japanese/kankyo/kitani/PDF/NAKA2.pdf　２０１８年4月13日アクセス

＊2　内閣府『平成27年版　子ども・若者白書』　2015年
http://www8.cao.go.jp/youth/whitepaper/h27honpen/index.html　2018年4月13日アクセス
＊3　深谷和子『ファミコン・シンドローム』深谷昌志共編　同朋舎　1989年
＊4　芹沢俊介『他界と遊ぶ子供たち』青弓社　1991年
＊5　飯島吉晴『子供の民俗学』新曜社　1991年
＊6　本田和子『子どもたちのいる宇宙』三省堂　1980年
＊7　飯島吉晴『子供の民俗学』新曜社　1991年　93頁
＊8　本田和子『子どもたちのいる宇宙』三省堂　1980年　11頁
＊9　柳田国男『こども風土記　母の手毬歌』岩波文庫　2015年　44頁
＊10　中室牧子『学力の経済学』ディスカバー・トゥエンティーワン　2016年
＊11　内山節『日本人はなぜキツネにだまされなくなったのか』講談社　2007年　171頁
＊12　谷崎潤一郎『陰翳礼讃』角川ソフィア　1955年初版　2014年　25頁
＊13　中野純『「闇学」入門』集英社　2013年　162頁
＊14　茂木健一郎『ダイアログ・イン・ザ・ダーク』講談社　2011年　86―88頁
＊15　内山節『日本人はなぜキツネにだまされなくなったのか』講談社　2007年　50頁
＊16　NPO法人「自然史データバンク　アニマnet」http://animanet01.wixsite.com/animanet　2018年4月10日アクセス
＊17　増田彰則・山下協子・増田敬祐「子どもの睡眠障害と低年齢化するネット・ゲーム・スマホ依存」『時の法令№.2025』　雅粒社　朝陽会　2017年
＊18　三池輝久『子どもの夜更かし脳への脅威』集英社　2013年

# 5章　環境から考える子どもの未来 ― 応答することの倫理

増田　敬祐（東京農業大学助教）

## はじめに

環境という言葉を聞いたとき、初めに何を思い浮かべるであろうか。生態系の破壊や土壌・大気・海洋汚染など自然環境の問題が多いかもしれない。しかし、私たちは住環境や食環境といった生活環境、家庭環境や生育環境、養育環境といった人間の成長に重要な役割を果たす場面においても、環境という言葉を使っている。また、原田正純医師（水俣病研究者　1934～2012年）が水俣病事件に関わるなかで「子宮は環境である（＊1）」と提起したように、生命の根幹である人間の体内についても胎内環境や腸内環境、エピジェネティクス（遺伝子と環境要因との関わり）の研究で環境という言葉を見出《みいだ》すことができる（＊2）。

自然環境以外にも幅広く用いられる環境という言葉に共通するのは、環境を自分を取り囲む「身の回り」と捉《とら》えている点である。本論は、その中でも現代社会で最も激しい変化にさらされる情報環境に着目しながら、その影響を受ける子どもの問題について考えていきたい。

## 1．個人化する情報環境と応答することの倫理

### (1) 子どもの情報環境が個人化している時代

私たちの生活を取り囲む情報環境は、直接会って会話をする時代から通信技術の発達による無線や電話の発明を経て、現代では携帯電話やスマートフォン（スマホ）でコミュニケーションをとる時代へと変化している。また電子メールやソーシャル・ネットワーキング・サービス（ＳＮＳ）を利用すれば瞬時に誰とでも交信できるようになった。このようなインターネット環境の登場は、地球の裏側であってもほとんど時間差なく情報を伝え合えるという点で、私たちが営んできたこれまでの人間生活の観念を根底から覆す衝撃をもっている。

衝撃の一つは、インターネット環境さえ整えば、誰でも容易に大量の情報を世界中でやり取りすることができるようになり、時間や空間に縛《しば》られなくなったことだろう。情報は

24時間、世界のあらゆるところから発信され、絶え間なく更新されていく。これらの情報を処理するには休む暇なくプラグを差し込み、アクセスし続けなければならない。だが、有限で老いる存在である人間はすべての情報を処理できる機能をそもそも心身に備えておらず、生命維持のために睡眠や休息、食事や身体のケアとストレスの緩和が欠かせない。怠ると心身は不調となり、体調を崩してしまう。

即時に情報を発信したり、交信したりすることができる通信技術の発達は私たちの生活を便利にした。子どもの育て方に関しても、スマホで検索する子育て環境の情報化が進んでいる（＊3）。その一方で、情報環境が便利になればなるほど、その便利さを使いこなすための適応を求められる。情報環境の変化に適応することは、ときに大きなストレスとなることがある。子どものスマホ利用の例からみてみよう。

スマホによる情報交換は基本的に個人を単位としてやり取りするため、養育者であっても一旦《いったん》、子どもがスマホを利用し始めれば、どのような情報に接しているのか把握することが難しい。言い換えれば、現代社会は情報環境がこれまで経験したことのないほど「個人化」している時代であり、子どもであってもスマホを手にすれば、間に誰も介在させることなく好みの情報にアクセスできる。

このことは改めて見つめ直す必要があるだろう。なぜなら、情報環境の「個人化」が子どもの生育環境や生活環境、睡眠環境に多大な影響を及ぼしているからである（＊4）。ここにスマホやタブレットなどモバイル端末がもたらす環境変化のもう一つの衝撃がある。もはや家庭や学校で情報機器の「正しい利用方法」を教えるだけでは、子どもを取り巻く情報環境の変化に対応することは難しい現実がある。

例えば、子どもとオンラインゲームの関係についてみるとき、高度な専門技術を駆使して開発されるゲームは子どもを夢中にさせるようにプログラミングされている（＊5）。関わり方を間違えば子どもはゲームから得られる刺激に対し、過度な依存状態に陥る恐れがある。実際、ゲーム・スマホ依存症という現象が子どもの世界で深刻さを増している実情は、情報環境と子どもの生育環境が相関していることを表している（＊6）。

## (2) 深い応答関係について考える

現代の情報環境は便利さをもたらしているが、便利であることは必ずしも子どもにとって良いものになるとは限らない。むしろ、便利さを追求するモバイル端末の長時間利用がもたらす子どもへの影響は、こころとからだの不調となって現れている（＊7）。哲学者の種村完司氏はこのような情報環境の問題について「心脳関係」としてだけでなく、「心－身」の視点から環境と身体の関係を考えることの重要性を指摘する（＊8）。

心身に不調をきたした子どもの例をみると、子どもの自主性や自制心に委ねるだけではゲームやスマホの利用をコントロールできていないことが分かる（＊9）。子どもの心身が健全に発達し、成長していくには大人、そして社会が子どもを育てる環境を見守る必要がある。このことについてレスポンシビリティ（責任）という視点から考えてみたい。

子どもを育てることを責任として論じることについては批判の声もあるだろう。なぜなら、現代社会は子どもを産むことを、子どもを「つくる」と呼ぶように「子どもの価値」は選択できるものと言われているからである（＊10）。本論は子どもを育てることを〈レスポンシビリティとしての責任〉から論じるが、本論における責任の議論はもちろん強制的なものであったり、国家の運営する事業であったりしないことは留意されたい。

〈レスポンシビリティとしての責任〉にはレスポンスという言葉が含まれており、それは何かに「応じる」、「応答すること」を意味する（＊11）。なかでも最も深い応答関係にあるのは子育て環境におけるものだろう（＊12）。例えば、子どもは自分という存在を全身全霊で大人に向かって投げかける。子どもの行動に気をつけていると、子どもは楽しいときや嬉《うれ》しいとき、かなしいときや不安なときなど、あらゆる局面で気づいてほしい相手にサインを送っている。自分の訴えに気づいてもらえたり、触れ合って応答してもらえると全身で喜びを表現する。

子どもの訴えに対し、周囲の大人が応答してあげることは子どもの心身の成長にとって非常に大切なことである。本論における応答することの責任、つまり、〈レスポンシビリティとしての責任〉のイメージはここにある。

## (3) 子どもに応答するということ

責任について、子どもを育てることから論じる哲学者にハンス・ヨナスがいる(＊13)。ヨナスは科学技術の発展により引き起こされる環境破壊の問題について責任という考え方の重要性を論じ、その「責任の原型」を「乳飲《ちの》み子」の倫理として提起した。ヨナスが「責任の原型」とする「乳飲み子」の倫理とは何かについてみていこう。

眼前に存在する「乳飲み子」の訴えには誰であろうと嫌《いや》が応《おう》にも応答しなければならず、そこには応答するかどうかについて選択の余地はない。なぜなら「乳飲み子」は、自分ひとりでは生きることができない存在だからである。私たちの誰もがかつて養育者の世話を受け、育てられた「乳飲み子」であった。

「乳飲み子」は人類が絶えることなく存在してきたことの証《あか》しであり、人間の存続の歴史において過去と現在をつなぐだけでなく、未来へとつながっていくための土台となる存在である。ゆえに眼前に存在する「乳飲み子」に応答する責任とは、次世代を担う人間を育てる責任ともなる。

　これは環境倫理学における現在世代の未来世代に対する責任の議論と深く関わっている。「乳飲み子」の倫理と同じく、地球規模で深刻化する自然環境破壊についても私たちには選択の余地はなく、問題解決のための方策が求められる。現在世代には自分たちのことだけでなく、次の世代＝「乳飲み子」に配慮した環境対策をとる責任があるからである。

　ヨナスの議論から自然環境破壊に対する責任は、目の前に存在する「乳飲み子」に応答することとつながっていると言える。「乳飲み子」を育てることから現在世代の環境に対する責任を問い直すことが、未来世代の環境に応答する「責任の原型」となることをヨナスは論じているのである（＊14）。

　「乳飲み子」の倫理はパターナリズムという父権主義の一種として批判されるが（＊15）、ヨナスが深刻化する環境問題について「責任の原型」を「乳飲み子」から論じたことには二つの意味で意義がある。一つに、「乳飲み子」に応答することの第一義は「乳飲み子」の生育環境を健全に整えることであり、それは個別で対応できるものではなく、社会全体で担わなければならない。ヨナスは環境問題に対し次世代を担う子どもを育てる責任が、社会全体にあることを示したのである。二つに、成長していく「乳飲み子」に応答することは、未来に対する現在世代の責任を考える第一歩となると同時に、この責任は自分たちの環境を問い直す機会ともなる。

ここまでの議論を踏まえ、現在世代の責任を二つに整理する。第一の責任は、眼前の子どもに応答することの責任である。現在世代の大人は次世代を担う子どもを育てることについて責任を持たなければならない。第二の責任は、次世代を責任ある大人に育てるための現在世代の責任についてである。次世代が大人になったとき、さらにその次の世代の子どもに応答し、育てる責任を担える人間になっているかが問われる。

これら二つの責任から明らかになるのは、目の前の子どもに応答する責任は、その過程で同時にその次の世代を育てるための責任をも子どもに教えていることである。このように考えるならば、責任には大人から子どもへと引き継がれ、循環していく性質があり、それは過去―現在―未来という時間軸のなかで継承されていくものであると言える。

## 2. 通時性の倫理と子どもの価値

### (1) 現時性と通時性

「いま、ここ」を優先する「現時性の倫理」と異なり、現在を過去、未来との連なりのなかに捉えることを本論では「通時性の倫理」と呼ぶ。先述した環境倫理学における現在世代の未来世代に対する責任の議論は、この通時性の倫理からも説明できる。「いま、ここ」を優先する現時性の倫理の考え方では、未来への責任は後回しになる恐れがある。

それに対し通時性の倫理では、現在を生きる私たちは過去から受け継いだバトンを握っている存在であり、バトンを次の世代に渡していく責任があると考える。ゆえに「いま、ここ」を優先するだけでは、来るべき未来世代の存在に応答しておらず、それは未来世代に対する現在世代の無責任な活動と価値づけられる。

子どもを育てることを通時性の倫理から考えると、子どもは「いま、ここ」だけの存在ではなく、日々成長し育っていく存在である。ゆえに年相応に変化していく子どもを「いま、ここ」だけの存在として扱うのではなく、未来に向かって成長していく存在として理解し、応答することが求められる。

### (2) 愛着（アタッチメント）形成の時期

現時性の倫理は「いま、ここ」だけを考えればいいが、通時性の倫理は過去―現在―未来という長期の視野に立つため、「時期」折々にやらなければならない発達の課題が出てくる。このことについて愛着（アタッチメント）から考えてみたい。

愛着（アタッチメント）とは、養育者と子どもの間に形成される強いつながり（絆）のことを指す（＊16）。愛着を形成するには、養育者と子どもの間に安定した応答関係が求められる。養育者が急に子どもの前から居なくなったり、頻繁に交替するなどの不安定な子育て環境では「基本的信頼関係」が育たないからである。不安定な環境に育った子どもは、愛着の形成不全により不信感と自己否定感が強くなり、大人になっても負の影響を受け続ける（＊17）。

愛着の議論から学ぶのは、子どもを育てることには「時期」があり、「時期」に応じた適切な子育てが行われなければ、その子どもは生涯《しょうがい》にわたり生育環境や養育環境で受けた経験を大なり小なり引きずることである。つまり、子どもは環境からの影響を「いま、ここ」だけの現時性ではなく、過去─現在─未来と続いていく通時性の出来事として負っていく。

以上を踏まえれば、子どもを育てることは「いま、ここ」の便利さや大人の都合のみで決められるものではない。手間暇がかかっても、長い目で子どもの成長を見守り、適切に応答していくことが重要となる。

## (3) おとなしくさせる大人とおとなしくなる子ども

泣きやまない子どもやぐずる子をあやす際にテレビやスマホ、タブレットで動画をみせたり、ゲーム機器に触らせたりして、「大人《おとな》しく」させるやり方が重宝されている。アメリカでも「シャラップ・トイ（子どもを黙らせるためのおもちゃ）」と呼ばれる（＊5）。これらの機器に接すると、子どもはすぐに「大人しく」なる。そのため大人は便利で助かる道具として子育てに利用している。

一緒にいても大人がスマホに熱中し、子どもの訴えに応答しないことをスマホ・ネグレクトと言う（＊18）。日本小児科医会は「スマホに子守りをさせないで！」というポスターを作成して子どもに応答することの大切さを呼びかけている（＊3）（＊19）。子どもが出しているサインに対し、周囲が応答しない状態が続くと、その子どもは「身の回り」の環境に無反応となり、悪いときには自分の存在について肯定的でない人間に育ってしまう恐れがある（＊20）。

子どもを「大人しく」させるとは、ある意味、子どもに大人の振る舞いを求めていることになる。しかし、本来、子どもを育てることは子どもを「大人しく」させるのではなく、子どもと向き合い、子どもの訴えを受け止め、応答していくものである。ゆえに大人の都合に合わせ、「大人しい子ども」を育てるのではなく、子どもが「子どもらしく」生きられる環境を整える責任が私たちにはある。

## （４）子どもと価値

家族心理学から柏木恵子氏は「女性にとって子どもの意味・価値が変化してきている」ことを指摘し、「子どもは絶対的不問の価値をもつのではなく、相対的なものとなった」という（＊10）。柏木氏は子どもを価値の問題として論じる必要性を唱えるが、本論も柏木氏とは別の観点で「子どもの価値」が問われなければならないと考える。

「子どもの価値」から現代日本の養育環境や子育て環境をみてみると、日本は子どもの数が減少を続けており、本来ならばその分だけ「子どもの価値」は上がっていくはずである。しかし、現実に起きているのは「子どもの価値」の上昇ではなく、虐待数や虐待死の増加にみる「子どもの価値」の低下ともとれる社会現象である（＊21）。

チャイルド・マルトリートメント（不適切な養育）と脳の関係を研究する友田明美福井大学教授は、このことを「子どもの減少に比例しない虐待数（＊17）」として警鐘を鳴らす。私たちの居合わせる時代に「身の回り」の環境で起きている現実は、減少する子どもを大切に育てるのではなく、家庭内暴力（ＤＶ）やネグレクト（育児放棄）によって虐待する社会なのである。

子どもを育てることが「個人化」している時代にあって、子どもの成長に合わせて応答を続けなければならない責任は、養育者にとって個人の自由が制限される行為と受け取られる可能性がある。急増するDVやネグレクトの背景には、子どもを育てること自体が自分の意のままにならない不自由な行為であると感じる養育者の感情がある(＊22)。

さらに悪循環を招くのは「良き親」でなければならないという価値規範が養育者に内面化されていることである。「良き親」という価値規範によって「子どもが意のままにならないのは自分の育て方が悪いからだ」と自分を責め、誰にも相談できず孤立化を深めるケースが増えている(＊23)。

子どもを育てることにおいて、自分の自由が「制限される」という価値判断と「良き親」でなければならないという価値規範は、一見すると互いに対立したものにみえる。しかし、子育て環境において両者は「〜しなければならない」という「価値」を啓蒙《けいもう》している点で、いずれも養育者が全うしなければならないイデオロギーとなっている。このイデオロギーによって現代の子育て環境は理想ばかりが独り歩きするという意味で、子育ての価値理念化が起きている。

両者に共通する前提には「自立した個人」という理想主義の人間観があると考えられる(＊24)。個人が真の意味で自由を得るには自立・自律しなければならない。同じく「良き親」であるためにも自律・自立した人間でなければならない。これらは逆説的に、自律・自立できていない人間は「自由に生きられていない」、「良き親になれていない」という価値判断、価値規範となって養育者を苦しめ、追い込むことになる。

### (5) プラグを抜くこと

哲学者のイヴァン・イリイチは、現代の人間を取り囲む環境を問い直すために「プラグを抜く」という考え方を提唱した(*25)。普段、何気なく利用している生活上の便利な道具から距離を置くことで、便利さの犠牲になっていないかを考えるためである。これは子どもよりも、まず大人がスマホに依存した生活を送っていないかを確認する作業ともなる。

現代社会では大人も日々の生活に忙殺され、余裕のない状態を生きることを余儀なくされている。大人自身が子どもに応答する時間的、精神的余裕をもつには、現代の社会システムから一時《いっとき》の間でも抜け出す発想をもつことが大事である。この抜け出してみる、ということが「プラグを抜く」ことである。テレビやパソコン、スマホなどのモバイル端末の電源を切り、眼前の子どもや家族、仲間と向き合い、応答し合うことの喜びや大切さを分かち合うこと、そのきっかけが「プラグを抜く」というものの考え方にある。

## 3．地域社会を子育て環境の安全基地にする

### （1）予防原則を子育て環境に応用する

子どもの環境を守ることについて、環境倫理学における「予防原則」に着目したい。「予防原則」とは、因果関係や科学的な証明がなされていなくても、環境や健康に損害を引き起こすおそれがある場合は予防的措置をとるというものである（＊26）。ここまでみてきたように環境の問題と子どもを育てることは連関している。子育て環境に「予防原則」を応用することは、次世代の環境の担い手である子どもを危険性が疑われる物事から予め守るという意味で、子どもを育てることの基礎に位置づけられる。

「予防原則」に基づき子どもの環境を守ることは、現在世代が未来に予想される危険性を回避するために応答することであり、これは未来世代に対する現在世代の責任の議論ともなる。例えば、スマホやネットの長時間利用は依存症のリスクがあるだけでなく、ブルーライトを浴びることで視力低下や睡眠障害につながる（＊3）。またＤＶやネグレクトが疑われるケースでは、子どもの「いのち」を守り、「負の世代間連鎖」を防ぐ必要がある。

これらの問題について「予防原則」を応用すると、科学的に因果関係が証明されていなくても、子どもの生育に関し危険性が疑われる場合は事前予防としてその使用を制限した

り、「いのち」を保護する対策をとらなければならない。

「今が便利ならそれでいい」、「利益につながればそれでいい」という現時性の倫理ではなく、過去—現在—未来という通時性のなかで、未来の環境を守るための倫理が必要となる。このような通時性の倫理に基づく考え方は、江戸時代のお坊さんであり、画家でもある仙厓《せんがい》の作品で既に表現されていた。

## (2) 親の子は子の親になる

博多、聖福寺の住職であった仙厓(1750〜1837年)の画に「子孫繁昌図」がある。そこには「ちゃんちゃんの子がちゃんとなるからにちゃんと其子もちゃんちゃちゃん」という賛が記されている。これは〈親の子は子の親になる〉という通時性の倫理に基づく子育て観、倫理観として解釈することができる。

「ちゃん」とは父親のことである。父親が子どもを〝ちゃん〟と育てることで、その子どもは〝ちゃん〟とした大人になる。〝ちゃん〟とした「ちゃん」(父親)に成長した子どもは自分の子どもも〝ちゃん〟と育てるだろう。目の前にいる子どもを〝ちゃん〟と育てることが「子孫繁昌」という生命の再循環につながるとされているのである。

仙厓は、子どもを育てることを一世代で完結するものとはせず、生命の循環のなかで手渡しされていくものと考えている。仙厓の思想から本論は、子どもを育てることに求められる「予防原則」の根底に「いま、ここ」という目先の利益を優先するのではなく、次の世代を〝ちゃん〟と育てるための人間の応答関係の重要性をみる。

## (3) 地域社会を安全基地にすること

子どもを取り巻く社会環境の変化を踏まえ、これからの子どもと環境のあり方について地域社会から考えたい。子どもの「遊び」から社会環境の変化をみてみると、空き地や原っぱなどの遊び場の消失により、子どもの居場所は変化した。自宅が遊び場となり、遊び方も集団遊びからひとり遊びへと「個人化」していった。また、地域社会の希薄化により隣近所との付き合いは減り、地域の共同行事も衰退したため、子どもは地域社会と交流する機会がほとんどなくなっている。さらに「近代家族モデル」も変容し、家族であってもばらばらに「個人化」していく社会の孤立無縁化が進行している。

これら「個人化」の問題が深刻となるなかで子育て環境を考えるとき、子どもや養育者が孤立無縁化しないように居場所をつくることが求められる。それは「いつまでもここに居ていい」、「いつでもここに遊び(相談)にきてもいい」と子どもや養育者が感じることができる場所を社会で用意することである。このような居場所づくりを考えるとき、家族だけでなく、地域社会という顔の見えるローカルな場所に対する視点が重要となる（＊27）。

例えば、地域社会における行事で子どもに役割をもたせたり、世代間交流をすることは、多様な人間関係を経験する場として子どもの人間形成に有益となるだろう。家庭だけに留まるのではなく、地域社会のなかで豊かな人間と人間の関わりの場を確保できるからである。地域社会で子どもの人間形成を育んでいく事例について、薩摩藩の郷中《ごじゅう》教育を紹介したい。

郷中教育とは、郷中内＝地域内の子ども同士（6歳〜25歳）が互いに教え、学び合いながら人間形成していくというものである。大人は子どもたちの自主性に任せ、場所の提供などの最低限しか介入せず、見守るのがこの教育方針の特徴である。有名な郷中として下加治屋郷中があり、幕末から明治期にかけて西郷隆盛、大久保利通、村田新八、東郷平八郎などを輩出した。

彼らは異世代の若者たちであったが、郷中教育を通して切磋琢磨《せっさたくま》し、心身を鍛錬したと言われている。それは「教師なき教育」と呼べるものであった（＊28）。この歴史の先例から、子どもが育つための人間形成の場は家庭環境のみならず、地域社会における多様な世代との関わり合いが契機となっていることが分かる。現代日本で子育て環境を考える際にも、家庭環境という閉じた子育て環境を考えるのではなく、開かれた子育て環境として地域社会を視野に入れることは大事である。

## （4）子どもを育てることに関する3つの方策

現代社会は子どもの環境と未来が脅かされる時代である。「予防原則」で論じたように子どもの未来を守る責任は社会、そのなかでも自分の「身の回り」である地域社会で引き受けることがのぞましい。こころとからだが安心できる環境で育った子どもは、自分が子育て世代となったとき、自分の育った環境を自分の子どもにも経験的に再現しようとする。つまり、良くも悪くも子育て環境は循環していくのである。「良い」子育て環境は「良い」循環を生み、「悪い」子育て環境は「悪い」循環を生み出す（＊29）。

本論をまとめると次の三つになる。一つ目は、通時性の倫理と「予防原則」を踏まえ、子どもの成育環境を人生における「負の連鎖」の始まりの場所としないこと。二つ目は、子どもが安心して育つことのできる居場所づくり＝「安全基地」としての環境を地域社会の大人たちみんなで準備すること。三つ目は、子どもとの応答関係は「責任の原型」であることを社会全体で共有すること。これらに基づき子どもと養育者により良い生育環境、養育環境を準備することは、子どもの未来だけでなく、社会の未来も明るくすることになるだろう。ここに環境から子どもの未来を考える意義がある。

## おわりに

### (1) いのちの始まりと終わりが個人化する時代を生きる

子どもを育てる責任は、子育て環境の孤立化が明らかになるなかで、私たちを取り囲む「身の回り」の環境それ自体の再検討を迫る。また高齢者の孤立死、無縁死も社会問題となっているが、これらに共通するのは人間が「個人化」することの過酷な現実である。「個人化」は子育て環境と高齢者の環境という「いのち」の始まりと終わりで問題を顕在化させている(＊30)。このことは人間が「個人化」することは同時に社会環境の問題を深刻化させることを示す。

環境倫理学はこれまで環境と人間の問題を論じてきたが、その前提となる環境と関わる人間＝環境の担い手が確保できなくなれば、環境問題の論点も本質的に変わらざるを得ない。現代的課題に応答する環境倫理学の論点として、子どもの環境に着目することは、環境と人間の問題の根本に位置する。それは養育者を中心としながらも、次の世代を育てることについて社会全体で応答していかなければならない責任の問題である。

### (2) 信頼を背負う

子どもを育てることに対し、社会が無関心を装い、無責任な状態が続くと、養育者の環境は一層、孤立化が進んでしまうだろう。孤立化を防ぐには子どもに応答する責任を養育者だけでなく、社会の一員である現在世代の大人全員で担うことを分かち合う必要がある。子どもと道端ですれ違ったり、どこかで居合わせたりする際に、養育者でなくとも、同じ時代を生きる現在世代の責任として子どもに応答することが私たちに求められている。

社会の一員として子どもに応答するという倫理が共有されるようになれば、子育て環境は今よりずっと余裕のあるものになるだろう。子どもを育てることの責任が地域社会や公共の社会へと広がりをもつからである。このように応答することの責任は、養育者だけに「背負わされる」ものではなく、居合わせる環境で出会うもの同士が、互いに応じ合うなかで信頼を醸成していくものである。

信頼とは自分の「身の回り」に「信じられる相手がいること」であり、「いつでも頼っていい」と思える安心環境があることである。それは困難に直面したときに「誰かが自分を助けてくれる。自分はこの世にひとりではない」という心身安定の「基地」となる。

信頼関係は養育者との身近な環境で育まれ、より大きな社会環境へと発展していく。そのために現在世代は、次の世代が信頼できると思える社会をまず自分の「身の回り」の環境＝ローカルな場所からつくっていかなければならない。身近な環境のなかに応答してくれる信頼関係をもつことで、人間はより大きい社会環境でも自分の存在を肯定し生きていくことができるからである。

### （３）責任は信頼し合う関係性から始まる

責任は常に何らかの応答関係によって生じる。責任ある応答は自分が応じる場合でも、誰かが応じてくれる場合でも、信頼関係なしには行われない。責任は信頼し合う関係性があってこそのものなのである。ゆえに責任は「背負わされるもの」であってはならない。責任は、培われる信頼関係によって自らが「背負う」ことを会得することで担われていく。

子どもが「自分には帰る場所がある」という安心を背に「安全基地」を出ていくように、責任を「背負う」ことも「誰かが応答してくれる」という信頼があってこそ、「背負う」ことを引き受ける気持ちになる。このように考えるならば、そもそも孤立化した環境では責任を背負うこと自体ができないということになる。「個人化」する現代社会で責任を社会的なものとしていくためには、孤立化の問題を解決しなければならない。人間と人間の関わりの回復の場として「身の回り」の環境である地域社会が着目される理由はここにある。

地域社会の希薄化とも連動し、現代日本の孤立化していく子育て環境で子育てを行わざるを得ない養育者たちは、子どもに対する責任を「良き親」という理想によって「背負わされる」なかで余裕をなくしている。それは、ときに子どもに応答することができなくなるほど自分を追い込んでしまう悪循環を生んでしまっている（＊31）。

子育て環境が縮小し「個人化」が進むと、子どもを育てることの責任も同時に縮小する。子どもに無関心な社会とは、助けを求めても誰も応答することのない無責任な社会の到来を意味する。このような責任の縮小は子どもだけでなく、少子高齢社会にある日本を生きる人間すべてに影響を及ぼしていくだろう。

子どもに社会全体で応答することは、孤立無縁化していく私たち自身が再び社会に参加していくことにもつながる。未来を担っていく子どもに応答することで社会との関わりを取り戻し、自分たちの生きる環境の孤立化を防ぐことになるからである。つまり、子どもに応答するという「責任の原型」を自分の「身の回り」である地域社会から考えることは、私たち自身の未来をつくっていくことに深く関わっているのである。

## 参考文献

＊1　原田正純『水俣病は終わっていない』岩波書店　1985年　133―134頁
＊2　太田邦史『エピゲノムと生命』講談社　2013年

＊3　清川輝基、内海裕美『子どもが危ない！　スマホ社会の落とし穴』少年写真新聞社　２０１８年
＊4　三池輝久『子どもの夜ふかし 脳への脅威』集英社　２０１４年
＊5　メアリー・エイケン『サイバー・エフェクト 子どもがネットに壊される』小林啓倫訳　ダイヤモンド社　２０１８年　28頁
＊6　増田彰則、山下協子、松本宏明、増田敬祐、胸元孝夫「低年齢化する子どものネット・ゲーム依存と睡眠障害」日本小児心身医学会雑誌『子どもの心とからだ』第27巻第4号　日本小児心身医学会　２０１９年
＊7　樋口進『スマホゲーム依存症』内外出版社　２０１８年
＊8　種村完司『心―身のリアリズム』青木書店　１９８５年
松本和雄『子どもの脳と心』（改訂版）朱鷺書房　１９９７年
＊9　増田彰則「ゲーム依存は、病気です　低年齢化にどう向き合うか」朝日新聞 be on Saturday　２０１９年（1月26日号）
＊10　柏木恵子『子どもの価値』中央公論新社　２００１年　vi頁　76―78頁
＊11　今道友信『エコエティカ』講談社　１９９０年
＊12　加藤尚武『子育ての倫理学』丸善　２０００年
＊13　ハンス・ヨナス『責任という原理』（新装版）加藤尚武監訳　東信堂　２０１０年
＊14　増田敬祐「和辻倫理学『間柄』とハンス・ヨナス『乳飲み子』の倫理の検討」比較思想学会編『比較思想研究』第41号　比較思想学会　２０１４年
＊15　リチャード・ウォーリン『ハイデガーの子どもたち』村岡晋一、小須田健、平田裕之訳　新書館　２００４年
＊16　ビビアン・プライア、ダーニャ・グレイサー『愛着と愛着障害』加藤和生監訳　北大路書房　２００８年
澁井展子『乳幼児期の親と子の絆をめぐって』彩流社　２０１７年
高橋惠子『子育ての知恵』岩波書店　２０１９年
＊17　友田明美『子どもの脳を傷つける親たち』ＮＨＫ出版　２０１７年　13―15頁　１５８―１８５頁

＊18 諸富祥彦『スマホ依存の親が子どもを壊す』宝島社　２０１６年
＊19 鹿児島県さつま町「子どもの脳と睡眠を守る！我が家のルール7か条!!」https://www.satsuma-net.jp/kyoiku/infomation/2018ofuro-poster.html　２０１８年8月4日アクセス
＊20 友田明美、藤澤玲子『虐待が脳を変える』新曜社　２０１８年
＊21 石川結貴『ルポ　子どもの無縁社会』中央公論新社　２０１１年
＊22 永久ひさ子「子どもの価値」『人口の心理学へ』柏木惠子、高橋惠子編　ちとせプレス　２０１６年　１１３頁
＊23 杉山春『児童虐待から考える』朝日新聞　２０１７年
＊24 増田敬祐「〈子どもを育てる〉ことに関する〈通時性の倫理〉の現代的意義」総合人間学会編『総合人間学』第9号　総合人間学会　２０１５年
＊25 イリイチフォーラム編『イリイチ日本で語る 人類の希望』新評論　１９８１年　１６２―１６６頁
＊26 大竹千代子、東賢一『予防原則』合同出版　２００５年
＊27 岡崎友典『地域教育再生プロジェクト』左右社　２０１８年
＊28 磯田道史『歴史の読み解き方』朝日新聞出版社　２０１３年
森田健司『西郷隆盛の幻影』洋泉社　２０１８年
＊29 共同通信「虐待」取材班『ルポ 虐待の連鎖は止められるか』岩波書店　２０１４年
＊30 前田正子『無子高齢化』岩波書店　２０１８年
＊31 杉山春『ルポ 虐待：大阪二児置き去り死事件』筑摩書房　２０１３年　１８５頁

# 6章　幼少期の子どもの睡眠と運動

森　司朗（鹿屋体育大学理事　副学長）

## はじめに

「早寝、早起き、朝ごはん」、これは子どもたちの生活リズムの大切さを伝えている文言であるが、１９８０年代以降、子どもたちを取り囲む生活環境は大きく変容してきている。例えば、家族形態や労働形態、経済状況の変化により生じている大人型の生活リズムへの移行、それに伴う就寝時間と起床時間の遅れ、その結果としての睡眠時間の減少である。また、食育の観点からは飽食の時代、さらには栄養バランスの崩壊、家族団らんで食事を取る「共食」の減少と、子どもが一人で食事をする「孤食」の増加などが挙げられる。この背景にある幼少期からの塾通い、お稽古事の増加など子どもたちを取り囲む生活習慣の変化も一因と考えられる。こうした変化が子どもたちの発達に強く影響を及ぼしているのである。この影響の代表的なものに睡眠の問題があり、多方面から指摘されている。ここでは、睡眠時間の減少とかかわりのある問題として、まず幼児期からの生活習慣の乱れにつながる「遊びの減少」に視点をあて、その結果として生じる運動能力の低下に着目し、幼児の運動発達と睡眠の問題に関して考えていくことにする。

## 1．最近の幼児の運動能力

文部省（現在の文部科学省）は、児童生徒の運動能力が1985年以降、低下傾向にあることを報告している。これは幼児でも同様の傾向を示している。これまでの調査結果では、1980年代半ばから1990年代半ばにかけて幼児の運動能力に有意な低下がみられ、2002年と2008年には低下した水準のままで推移していることが明らかにされている（＊1）。

では、なぜ幼児の運動能力は低下したのであろうか？　運動能力が低下するということは、一般的に考えると運動をしなくなったことが大きな理由として考えられやすいが、実際に運動指導と運動能力の関係について幼稚園を対象に調査したところ、運動指導の頻度の多い幼稚園より運動指導をしない幼稚園の子どもたちの方が運動能力が高いことが報告されている（＊2）。この結果は、単純に運動をしなくなったことが運動能力の低下を導いたとは言い切れないことを示す根拠の一つとして考えられる。

　図は、自由遊びのとき運動遊びをする頻度と運動能力の関係を示したものであるが、この結果から自由遊びのとき運動遊びを多くする子どもほど運動能力が高いことが分かる。つまりは、外で体を使ってよく遊んでいる子どもの運動能力は低下していないのである。

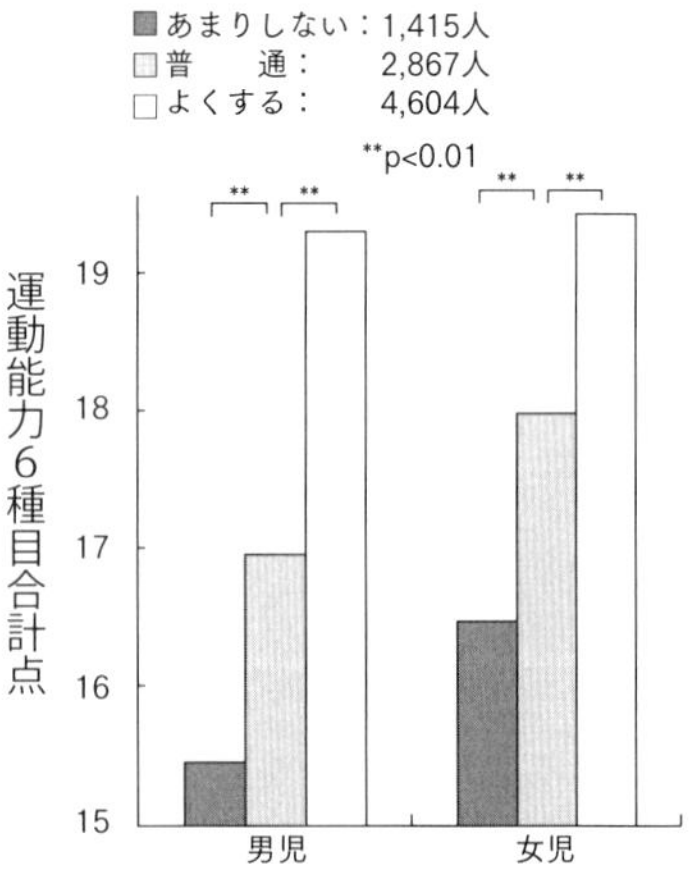


自由遊びのとき運動遊びをする頻度と運動能力との関係

　以上の結果から、幼児の運動能力低下の原因として「からだ」を使った遊び、すなわち遊び経験の減少が考えられる。「遊び」に関してはいろいろな定義はあるが、一つの解釈として、子どもの主体的、能動的な活動という考え方がある。からだを使った遊びが減少するということは、その背景に子どもの主体的、能動的活動の減少があると考えられる。

## 2．幼児の睡眠時間

人間は体内(生体)時計を持っており、その土台にサーカディアンリズムが存在している。サーカディアンリズムは概日リズムともよばれ、一日の活動・休息のリズムである。正常なサーカディアンリズムを持っている子どもは「朝、日が昇ったら太陽の光で目がさめ、夜、日が沈んだら寝る」と、よく言われる。「早寝（日が沈んだら）、早起き（日が昇ったら）」とは、幼児の基本的な生活リズムを示している。睡眠時間とかかわるサーカディアンリズムは、幼児の生活リズムにおいて非常に大切なものであり、このリズムが健康な生活リズムにつながっている。

子どもの望ましい睡眠時間に関して、白川修一郎氏は生後3ヶ月から11ヶ月では14～15時間（実際の睡眠時間の平均12・7時間）、1歳から3歳で12～14時間（同平均11・7時間）、3歳から5歳で11～13時間（同10・4時間）、小学生で10～11時間（同9・5時間）と報告している（＊3）。平均的に見ると大人の7～9時間に対して、幼児では12～14時間ということになる。

神山潤氏は、ここ30年で毎年1分ずつ睡眠時間が減っていることを述べている（＊4）。私たちの1日の時間は24時間であり、有限であることを前提に考えたとき、このペースがずっと続くと仮定すると、ありえない話であるが、いつかは私たちの睡眠時間は「0」になってしまうことになる。

彼は著書の中で、各発達期における睡眠時間の現状を報告しているが、世界で一番眠らない中学生は日本であり、米国より30分、ヨーロッパ諸国より90分以上、スイスに比べ2時間半睡眠時間が短いことを報告している（＊5）。この背景には受験勉強などの問題も考えられるが、それ以上に日中の活動量の低下と生活リズムの乱れによる夜更かしが睡眠時間の減少につながっていると思われる。

睡眠時間が減少している原因として、発達段階においてそれぞれ異なる特徴があるが、全体としては生活時間・生活リズムが夜型に移行してしまったことが考えられる。この夜型への移行によって、昼間に十分な身体活動をするという生活習慣が崩壊してしまっている。また幼児の場合は、親の生活リズムの変化が幼児の生活リズムに影響を与えていることが考えられる。

しかしながら、ここで、幼児が持っており、大人は持ち合わせていない特徴が重要になってくる。それは、幼児は「箸《はし》をくわえて寝られる」ということである。つまり、遠足や運動会などで一日中外で活動したときは、いかに大人が起きているように促したとしても食事中、箸をくわえたままで寝られるのである。一方、大人にはこのようなことはできない。

では、なぜ子どもにできて、大人にできないのであろうか？　この点については後で運動能力の関係から述べたいと思う。

## 3．睡眠の影響

### (1) あわてん坊は起きる時間と関係がある

子どもたちは、起床してから40分ぐらいたたないと食欲がわいてこないと言われている。食べないと胃や腸が活動せず、排便する機会を失ってしまう。このように子どもたちは、朝起きてすぐ日常の活動に入れるのではなく、起きてから活動まで準備の時間が必要である。

この点について近藤充夫氏は、起床後、幼児が一人で支度をして出かけるまでの時間として、1時間半では足りないと述べている（＊6）。例えば、この時間で判断して、仮に登園のために家を出る時間が朝の8時半だとすると、少なくとも午前7時には起きなくてはならない。しかしながら、実際に幼児の起床時間を調べてみると午前7時以降が全体の58％を占めている。ということは、半数以上の子どもたちが起床後1時間ほどで家を出ていることになり、十分な準備ができないまま幼稚園や保育所、子ども園に行かなければならない。そのため、親のスピードに子どもたちが追いつかず、親は「さっさとしなさい」とか「急いで」と繰り返し、子どもを追い立てることになる。子どもたちはあせってしまい、結果として忘れ物をしたり、ぐずったりと親の期待する行動とは異なる行動をとることになる。

こうして朝の起床時間の遅れが、子ども自身で行動を調整することができない状況につながり、朝から情緒的に不安定な状態になってしまうのである。そして親は「うちの子は何であわてん坊なの」とか「落ち着きがない」などと言うようになる。しかし、よく考えてみると、なぜ子どもが「あわてん坊」な行動をとってしまったかというと、それは親の朝起こす時間が遅かったためなのである。つまり、親の方が子どもを「あわてん坊」にしてしまったのであり、子どもたちのこのような行動は朝早く起きる生活習慣（そのためには早く寝る）が形成されていれば、生まれにくい行動である。これは、朝から余裕をもって準備ができて登園できる時間に子どもたちを起こしてやることの大切さ、「早起き」がいかに重要かということを示している。

## (2) 朝食の習慣と睡眠の関係

朝起きて朝食をとるということは、一日の始まりとして非常に大切である。「早寝・早起き・朝ごはん」という言葉は、子どもたちの生活習慣の形成に関して最も重要なことである。

東京都国公立園長会が幼児の生活習慣を調査した中で、幼児の朝食習慣と睡眠との関係では、平日「午前8時以降に起床する」、「22時以降に就寝する」、「平均睡眠時間9時間未満」の幼児は、朝食をとらないで登園してくるケースが多いことが報告されている（＊7）。

就寝時間や起床時間が遅くて朝食をとらずに来る子どもたちは、血糖値が低くて、しっかりと目が覚めておらず、おのずと活動量も少なく、遊びが不十分な状態で午前中を過ごすことになる。時間がたち、目が覚めて活動しようとしたときに片づけの時間になってしまうと、周囲が片づけを始めても、本人はなかなか片づけができずに、つい遊びを続けてしまうのである。片づけの時間になっても、まだ遊び続けている子どもの行動には、起床時間の遅れによって朝ごはんを食べずにきたことにも原因の一つがあり、もともと片づけができないのではないということを考慮しておく必要がある。

## (3) 体を使って遊ぶ経験と睡眠時間

前述したように、幼児の睡眠時間の減少は、生活習慣に大きな影響を与える可能性がある。つまり、睡眠の問題は家庭や幼稚園、保育所、子ども園での快適な生活リズムの習慣とも深くかかわっているのである。サーカディアンリズムの考え方から捉《とら》えなおすと、昼間に外で十分に活動し、太陽光を浴びることが健康な生活のリズムの維持につながる。このためには幼稚園や保育所で昼間、外で思い切り体を使って遊び、活動量が確保されることが重要である。この昼間に体を使って遊ぶという経験は、子どもたちの睡眠時間を確保するとともに、子どもたちの運動能力の向上にもつながってくる。言い換えると、最近いわれている幼児の運動能力低下の背景には、子どもたちが体を使って外で遊ぶ経験が不足しているという問題があり、このことは子どもたちの睡眠時間の減少と強く結びついている可能性がある。さらに、幼児期が生活習慣の自立の基礎を形成していく時期であると考えると、園での体を使った遊びを通して生活習慣の自立を促すことは、保育活動において重要な課題といっても言い過ぎではないのではないか。

### (4) 睡眠と脳の関係

幼児の睡眠が影響する対象に脳の問題がある。脳の機能は睡眠によってコントロールされていると言っても過言ではない。言い換えると脳で行われている睡眠のコントロールが阻害されると、その影響は脳そのものに及ぶのである。その意味で睡眠とは脳による脳の管理技術であると述べられている(＊8)。睡眠の役割を整理すると、脳を創り、脳を育て、脳を守り、脳を修復して、脳をよりよく活動させる、ということになる。

睡眠時の脳波には2種類の睡眠波があることが分かっている。一つがREM睡眠（レム睡眠：浅い眠り）であり、「動睡眠」と呼ばれ、大脳を育成していると言われている。もう一つはNON—REM睡眠（ノンレム睡眠：深い眠り）で、これは「静睡眠」と呼ばれ、大脳を休息・修復するときに発生している脳波である。私たちが日常生活で夢を見るのは、浅い眠りのときであり、その際にはREM睡眠波が出現している。ヒトにおけるREM睡眠の出現割合は、年齢が進むにつれて少なくなっていくことが分かっている。また、ヒトは生まれたばかりの時は、睡眠時間の中でREM睡眠とNON—REM睡眠の占める割合は50%ずつであるが、成長に伴いREM睡眠の割合が減少し、4歳過ぎからその割合が大人のパターンに類似し始める。小学校へ入学する頃に子どもの睡眠パターンが少しずつ大人型に変わってきているため、保育所やこども園で年長後半（小学校入学前）には午睡をとらなくてもよくなってくる根拠の一つである。これは大人と幼児ではREM睡眠とNON—REM睡眠のパターンが異なっていることを示している。幼児が夜、大人と同じ生活時間で過ごし、大人型の睡眠時間に付き合わされてしまうと、幼児にふさわしい睡眠パターンをとることができなくなり、幼児の脳の健全な発達を阻害する可能性があると言える。

睡眠と脳の関係を見ていく別の視点の一つに脳の神経伝達物質セロトニンがある。セロトニンは脳の発育とともに、感情抑制など心の面で重要な伝達物質であり、この量の程度によって鬱《うつ》病などの心の病気にも影響を与える。セロトニンと睡眠の問題に関して神山氏は、セロトニン神経系は覚醒時に盛んに活動する一方で、REM睡眠になると完全にその活動を停止させるため、「夜更かし朝寝坊」はセロトニン神経系の活性を低下させてしまうことを述べている（＊9）。つまり、睡眠が不足するとセロトニンの活性が低下してしまい、自分で気持ちをコントロールすることができなくなると考えられる。このことは、睡眠の不足が感情を抑制できない子どもたちをつくり出していく危険性を示唆している。

このほか、睡眠が脳内で影響を与えるものとしてホルモンがある（＊10）。その代表的なものが成長ホルモンである。この成長ホルモンは寝入ってすぐの深いNON―REM睡眠期に分泌されるが、睡眠が不足していくと初期のNON―REM睡眠期も短くなってしまうので、結果として成長ホルモンの分泌が低下してしまうことになる。言い換えれば、十分な睡眠は十分な成長ホルモンを分泌させる。「寝る子は育つ」ということわざは的を射たことわざなのである。

さらに、前述した昼間の活動にとって重要なセロトニンの分泌を促すものとして、夜の眠りに必要なメラトニンがある。メラトニンは夜になると分泌量が増え、朝にはその分泌が止まるため、夜になると眠くなり、朝になると目が覚めるという睡眠の基本的なリズムと関連している。

また、コルチゾールは覚醒ホルモンであり、体内環境を睡眠モードから活動モードへ移行させるために必要なホルモンである。このような脳内の神経伝達物質やホルモンは睡眠と深く関連している。幼児期からの睡眠時間の不足は、この脳内のホルモンバランスに影響を与えることになる。よって睡眠はヒトの発達にとって重要な役割を担っているといえよう。

続いて、睡眠が脳に与える影響として、記憶の問題が挙げられる。ヒトは寝ている時に、その日に学習したことを整理して記憶するといわれている。つまり、睡眠中に必要な記憶と必要でない記憶を振り分け、必要でないものは記憶の中から刈り取ることで記憶力を高めているのである。ということは、睡眠時間が減少することで記憶力の低下を促してしまっている可能性が考えられる。よく一夜漬けで覚えたことはすぐに忘れてしまうというのは、このことを示す一つの現象なのかもしれない。

以上、睡眠が脳に与える影響に関して見てきたが、これらの考えで共通しているのは、眠りが人間の脳の発達にとっていかに重要であるかということである。

## 4．幼児の睡眠と運動能力の関係

### (1) 睡眠と運動能力

これまで睡眠時間は日常の戸外での活動量と関連があることを述べてきた。実際、就寝時刻が早い幼児の方が遅い幼児よりも歩行量が多いという報告（＊11）や睡眠時間が1日8時間以上である幼児は、そうでない幼児よりも運動能力が高いという報告（＊12）もある。この観点から考えると、最近の外遊びの減少による幼児の運動能力の低下や日中の活動量の低下は、発達の一つの指標である睡眠時間の減少にも影響を与えていることになる。このことは、生活環境の変化による子どもたちの日常の運動経験の減少が運動能力・運動発達とともに睡眠にも強く影響していることを示しており、子どもの運動能力の現状を考えるとき、同時に睡眠時間の減少の問題も考えていく必要がある。

### (2) 疲れていれば誰でも眠れる―子どもの体力の未分化

子どもは「箸《はし》をくわえて寝られる」と言われるが、一日中体を使って活動すれば、体のエネルギーがなくなり、なくなったエネルギーを蓄えるために寝るのである。つまり昼間、十二分に活動すれば、必然的に夜は疲れ果てて眠るわけである。

もともと幼児は体を動かすことが好きである。この体を動かしたいという気持ちのことを活動欲求と呼んでおり、幼児が一日中体を使って遊んでいられる理由の一つである。その意味では、幼児はそもそも思いっきり外で遊ぶという自然の形で生活するだけで睡眠が十分に確保されるはずである。

大人の場合、「箸をくわえて寝てしまう」ということはない。幼児にはできて大人にできないのはなぜであろうか。この理由を説明するには活動欲求だけでは十分と言えない。そこで考えられるのが、幼児と大人の体力構造の違いである。幼児の体力構造は大人と違い、未分化だといわれている。青年期以降の大人の体力は持久力や瞬発力、パワーなど、いくつかの体力要因に分化しており、それを使い分けているのである。言い換えると各場面で必要な体力を必要分だけ取り出して行動しているのである。

一方、幼児期の体力構造は先ほど述べたように未分化構造である。ここでいう未分化とは、発達が遅いというのではなく、筋力や持久力などの能力要因が、それぞれ独立した能力ではなく一体のものとしてとらえることを意味している。つまり、一つの運動が体力の向上に関して共通的・総合的に作用する。例えば、筋力を高める運動が同時に持久力や瞬発力も高める働きをする。

幼児は一つの遊びをすることによって、すべての体力を総動員する。鬼ごっこなどは、そのような要因を多く持っている遊びである。大人と子どもが一緒に鬼ごっこをしていると、初めにばててしまうのは子どもより大人の方である。では大人よりも子どもの方が体力があるかというと、どう考えても大人の方が子どもより体力があるのは当然のことである。なぜこのような差が生じるのであろうか？　この答えとして、未分化な体力構造を持っている子どもは、鬼ごっこをしている時、すべての体力を使って遊びに夢中になっているためだと考えられる。ところが大人は、鬼ごっこのために使う体力（おもに持久力）とそれ以外の体力を使い分けており、鬼ごっこでは持久力を使い果たして疲れたと感じても、次に行う作業のために別の体力は温存しているのである。

このような子どもの未分化な体力構造のおかげで、外で体をよく動かす子は、動かさない子に比べて多くの体力を日常使用していることになる。外に出て体をよく動かす子ほど活動量が多く、早く寝る。逆に体を動かさない子は動かす子より活動量が少なくなり、結果として夜までエネルギーを残してしまい、夜更かしになり、朝起きられない朝寝坊の子どもになってしまう。

体を動かすことが少なく、活動量が低下している幼児は、十分な睡眠時間を確保することができず、感情の抑制につながるセロトニンの活性化も阻害してしまい、相手に自分の感情を上手に伝えられなくなる。このことが昨今のコミュニケーション力の弱い子どもたちが増えているすべての原因とは言えないにせよ、外で体を動かす経験がコミュニケーション能力に影響している可能性も否定できない。

幼児の運動発達の現状を考えたとき、本稿の文頭で述べてきたように、外で体を使って遊ぶ経験が減少しており、そのことが幼児の運動能力低下の主たる原因であると考えられる。外で遊ぶ経験の減少が日常の活動量の低下につながり、その結果、幼児の睡眠時間の減少を引き起こしていることになる。以上のことから、幼児の運動能力の低下と睡眠時間の減少の間には深い関係があることが容易に予想される。つまり、最近の睡眠時間の減少の主な原因である夜更かし・朝寝坊の幼児は、早寝・早起きの幼児に比べて運動能力が低いことになるのである。

## おわりに

幼児の身体および運動発達においては運動経験が、精神的発達に関しては精神的な経験が重要である。つまり、幼児がどのような経験をしているかということが重要になってくる。これまで述べてきたように、昼間、外で精いっぱい体を使って遊ぶ幼児は活動量の多い幼児であり、その日にエネルギーを使い果たすために早く寝るのである。このような幼児は大人型（夜型）の生活環境の中にあっても寝ることができる。幼児を囲む生活環境はあくまでも間接的な要因であるため、いくらその環境が変わっても直接的な要因である外で体を使って遊ぶという経験が保障されれば、十分な睡眠をとることができ、最終的には「脳が育つ」ことにつながっていく。



## 参考文献

＊1　森 司朗・杉原 隆・吉田伊津美・筒井清次郎・鈴木康弘・中本浩揮・近藤充夫（2010年）2008年度の全国調査からみた幼児の運動能力・体育の科学 60（1）56―66頁

＊2　杉原 隆・吉田伊津美・森司朗・筒井清次郎・鈴木康弘・中本浩揮・近藤充夫（2010年）幼児の運動能力と運動指導ならびに性格との関係　体育の科学 60（5）341―347頁

＊3　神山潤「第8章　小児の睡眠とその障害」上里一郎監修　白川修一郎編「睡眠とメンタルヘルス―睡眠科学への理解を深める―」ゆまに書房　2006年　184頁

＊4　神山潤『「夜ふかし」の脳科学』中央公論新社　2005年　45頁

＊5　上掲書（2）68頁

＊6　近藤充夫『4 からだと心を育てる　2 健康と体力（講座　幼児の生活と教育　2生活と文化）』岩波書店　1994年　122頁

＊7　東京都国公立園長会「平成19年度文部科学省調査研究委託事業　子どもの生活リズム向上のための調査研究（乳幼児の調査研究）幼児の生活リズム向上を目指して」2007年

＊8　井上昌次郎『眠りを科学する』朝倉書店　1994年　122頁
＊9　神山潤『「夜ふかし」の脳科学』中央公論新社　2005年　135―188頁
＊10　古賀良彦『睡眠と脳の科学』祥伝社　2014年　34―37頁
＊11　中野貴博・春日晃章・村瀬智彦（2010年）生活習慣および体力との関係を考慮した幼児における適切な身体活動量の検討　発育発達研究46（1）49―58頁
＊12　瓜谷大輔・榊　彰裕・松本大輔・福本貴彦（2014年）幼児期の運動能力と運動習慣・生活習慣との関係　運動好きで元気な子どもを育むための予備的研究　第49回日本理学療法学会大会（横浜）

子どもの研究発表

第1回市民公開講座（平成27年3月）から

## 睡眠と幸福度の関係

霧島市立日当山中学校2年（当時）
大野　まどか

1　調べた理由

毎日の生活の中で、「よく眠ると幸せな気持ちになる」と実感したから。

2　調べた内容

(1)「幸福度」について

(2)ＯＥＣＤ加盟国の内18カ国の幸福度と睡眠時間について

(3)日本の中高生の睡眠時間について

## 3 調べた方法

インターネット

## 4 調べて分かったこと

(1)睡眠と幸福度は、ある程度影響しあうこと。
(2)日本の中高生の睡眠時間は、減少傾向にあること。
(3)長々と寝るよりも、自分のベスト睡眠時間で寝たほうがいいこと。
(4)幸福は、睡眠時間だけで決まらないこと。

## 5 感想

(1)発展途上国と先進国の睡眠時間と幸福度を比べてみたかった。また今度調べてみたい。
(2)中学生の睡眠時間が短かったから、友達に睡眠の大切さを伝えたい。

〈発表原稿〉

去年の夏、私は社会科の自由研究をしました。その名も、睡眠と幸福度の関係です。なぜこの研究をしようと思ったのか。それは、「よく眠ると幸せな気持ちになる」と、私が実感したからです。

幼いころから私は、よく寝る子でした。幼稚園から帰ってきたら、まず昼寝をしていました。お腹が空いたら起きて、たらふく食べたら九時には寝るのです。小学生になると、お昼寝はできませんでしたが、毎日八時間は寝ていました。現在私は中学生ですが、七時間以上の睡眠を必ずとるようにしています。そのために、「十一時には必ず寝る」という紙を、勉強机に貼っています。しかし、それでもテスト期間は、十分な睡眠が取れないことがあります。そんな時は、気持ちに余裕がなくて、イライラしてしまいます。いつもはしないようなケアレスミスを、テストでしてしまったこともあります。睡眠の威力を、私が一番感じるときです。また、土曜日の朝は自分へのごほうびとして、午前十時に起きます。その時、「幸せだなあ」としみじみ思います。その時の私の幸福度は、とても高いと思います。

さて、幸福度のことを、皆さんご存じですか。ブータンの幸福度が一時期話題でした。幸福度とは、その国に住んでいて幸せか、ということです。私が使った統計資料は、ＯＥＣＤ幸福度ランキングというものです。幸福度は、ここに書いてあるような十一の項目に答えて、その合計の割合で求めます。日本は、三番目の仕事、十番目の安全、あと五番目の教育が高いのがわかります。しかし十一番目のワークライフバランスは、とても低くなっています。ワークライフバランスとは、長時間労働、余暇、ケアに当てた時間のことをいいます。これを見て、「余暇って睡眠のことかなあ。睡眠ってもしかしたら幸福度と関係しているのかも！」と思い、二つをつなげたのがこの研究です。

私が初め気になったのが、日本の睡眠時間と幸福度でした。私が幸福度の存在を知ったのも、ここです。幸福の割合とインターネットで検索すると、幸福度という単語がでてきたのです。ところで、日本の睡眠時間についてです。水色で塗られていますね。これは、七時間台の睡眠を表しています。この地図では、色が暖色のほうが睡眠時間は長いです。となると、日本の睡眠時間は、他国より短いことがわかります。次に、ピンクの円を見てください。この円が幸福度です。大きいほど、幸福度が高いことを表します。日本の円は、他国と比べてどうでしょうか。あまり大きくありませんね。これらのことから、日本は睡眠時間が短いので、幸福度が低いと言えます。

では、同じ先進国のアメリカとカナダ、ヨーロッパ諸国の国々は、どうでしょうか。私は先進国に、働き詰めのイメージがあったので、睡眠時間は短いだろうと思っていました。

しかし、それは間違いでした。アメリカ、カナダ、ヨーロッパ諸国、いずれの国も八時間以上は寝ていました。フランスにおいては、九時間近く寝ています。これは、世界第一位です。次に、幸福度を見てみると、七〇から八〇％を超える国が多く見られます。このように、睡眠時間の長い国は、幸福度も高いのです。このことは、アメリカ、カナダ、ヨーロッパ諸国以外の地域でも、同じことが言えます。なかでも、オセアニア地域のオーストラリアは、幸福度が世界で一番高いです。そして、睡眠時間も八時間以上となっています。これらの国々は、日本と同じ先進国ですが、睡眠と幸福度の高さに大きな違いが見られました。では、なぜ他の先進国と比べて日本の睡眠時間は短いのでしょうか。

それは、学生時代までさかのぼるとわかります。ここに書いているように、日本の中高生の睡眠時間は、非常に短いのがわかります。しかも、年を重ねるにつれ、短くなっています。友達同士でよく、「睡眠時間を削るしかない」というせりふを耳にします。部活や勉強におわれているからです。今は、ＬＩＮＥというツールもありますし、睡眠時間は削られる一方かもしれません。このように学生時代の一種の〝癖〟が、大人になっても続いてしまい、幸福度が低くなるのだと思います。

# 7章　鹿児島の子どもの貧困と子ども食堂の役割

齋藤美保子（元鹿児島大学家庭科教育学准教授）
現同大学水産学部リサーチフェロー

## はじめに

子どもの貧困が言われてから久しい。21世紀に突入して大変衝撃だったのは、2007年刊行の『ホームレス中学生』であった。この本は漫才コンビのひとり、田村裕による自叙伝である（＊1）。田村が中学2年生の時に父親の借金で家族と離れ、公園での段ボール生活、コンビニ弁当を譲ってもらい食したという文字通りホームレスの内容であった。華々しい漫才界にのし上がるまでは誰でも「下積み」時代があったとしても、これほどまでに悲惨な生活であったのかと共感を呼んだのである。これまで子どもの問題としては、受験による過当な競争やいじめ問題、学力低下など家庭以外の問題に焦点化し、貧困とは結び付かなかったことも大きな反響を呼んだ理由だろう。この本の刊行から10年以上を経た現在、また2013年の「子どもの貧困対策法」施行後、果たして子どもの貧困の行方はどうなったのだろうか。

## 1. 日本の子どもは今

### (1) 貧困率とその背景

2017年6月、厚生労働省が最新の貧困率(相対的貧困率)を発表した。これによると、2015年では子どもの貧困率が13・9%であり、2012年のそれと比べると2・4ポイント減少している(図1)。総務省統計局によれば2017年の子どもの数(15歳以下)は1571万人であるから、37・7万人が「貧困」から「脱出」できた。18歳以下の未成年を含めると約50万人が貧困から脱却できたことになる。しかし、数字はあくまで数字であり、経済協力開発機構(OECD)34か国平均の子どもの貧困率13・3%(2014年)を考慮すれば、いまだに日本の子ども

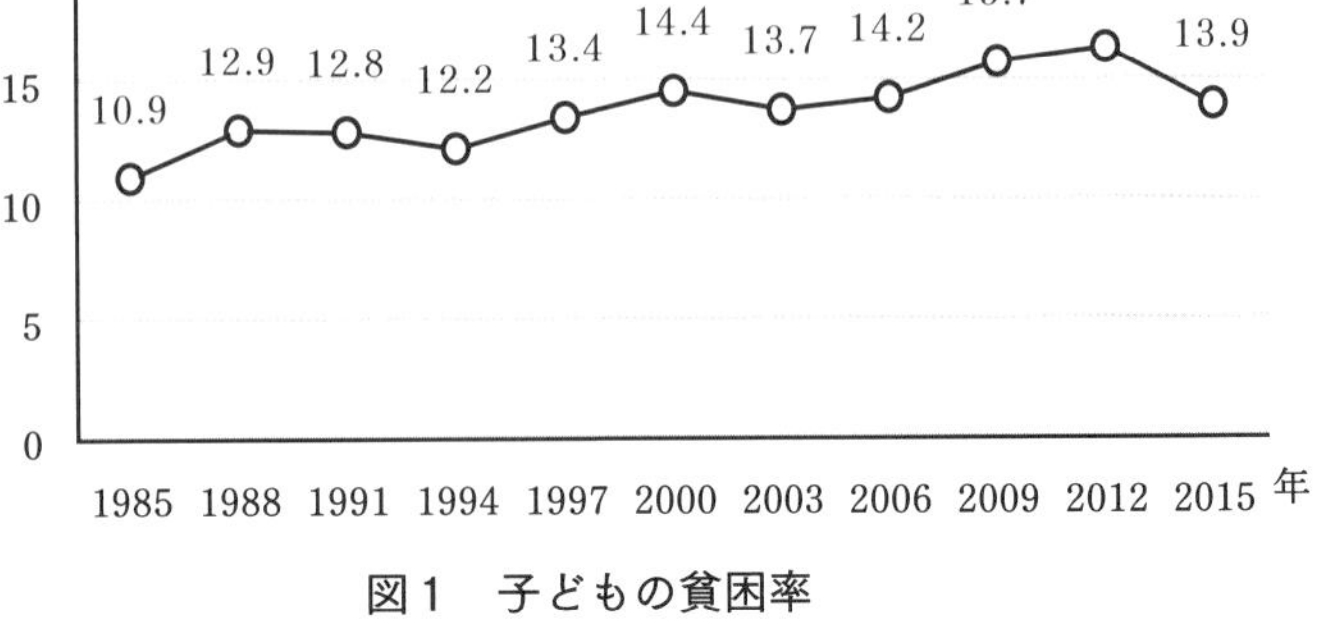


図1 子どもの貧困率

の貧困率は高く、世界の「先進国」の中で最も高いのは変わらない(＊2)。

教育現場に毎日携わっている教員や給食調理士、栄養士、養護教諭などの話では、いわゆる「貧困」と結びつかなくとも朝食の欠食、栄養バランスに欠ける食事摂取が散見されるという。夏季休業や冬季休業など、給食のない長期の休暇明けの新学期には、体重減で『激痩《や》せ』している子がおり、「保健室」での休養や食事摂取が常態化しているという。なぜなら、教室では普通「カップ麺《めん》」を食べることができないし、教員に発見された場合「指導」が入るからである。「カップ麺」を昼食にする子もあり、家庭科室や保健室で「お湯」をせがむ生徒もいる（表1）。このような実情・背景から、著者らは『『貧困』と向き合う家庭科教育」として、共同研究で授業開発・授業実践・教員意識調査・教科書分析を行ってきた(＊3)(＊4)(＊5)(＊6)。

## (2) 鹿児島県高等学校家庭科教員への質問紙調査

２０１５年、鹿児島県の高等学校家庭科教員に対し子どもの貧困についての意識調査を日本家庭科教育学会「貧困」ワーキンググループで行った。鹿児島県では普通高校を対象に10校の先生方に質問紙を配布し記載していただいた。

質問項目は①フェイスシート②進路（進学・就職）状況③家族・経済状況（就学援助制度利用および一人親家庭割合）④生徒と接する中で貧困の影響を受けていると感じる場面の

表１

| |
|---|
| **（1）学習面**<br>①年度当初の教科書購入代金を振り込めない<br>②校納金や学級集金を払うのが遅れる<br>③基礎学力（計算・読み・書き）が身についていない<br>④学習習慣が身についていず、すぐに「疲れる」という<br>**（2）食生活**<br>①食事をしっかりと取っていない<br>②１日１～２食（特に朝食の欠食）<br>③炭水化物中心（おやつ・ファストフード・スナックが食事代わり）<br>④弁当持参が少ない・コンビニ弁当<br>⑤カップ麺に入れる「お湯」をせがむ<br>⑥弁当の中身が「茶色系統（野菜がほとんどない）」<br>**（3）学校生活**<br>①交通費が払えず学校行事不参加<br>②修学旅行に行かず、積み立てを生活費に充てた<br>③スクーリング参加の交通費が出せず欠席<br>④提出物の遅れ（郵便代・ノート・レポート用紙・筆記道具を買わない）<br>⑤親がＰＴＡに不参加<br>⑥一日中、スマホを見ているかメール・ゲームをしている<br>⑦「どうせ」「ムリムリ」という言葉を連発する<br>**（4）進路指導**<br>①進学したくても経済面で厳しく進学を断念する<br>②奨学金にたよる進学希望生徒がいる<br>**（5）課外活動**<br>①ボランティアには参加するが、費用のかかる部活動に参加できない<br>②ユニホームのおさがり<br>③ユニホームを１枚しかもっていないのかボロボロ<br>**（6）家庭科の授業を通して見える生徒の貧困状態**<br>①お風呂に入っていないとわかる生徒がいる<br>②食事をせず登校しているため集中力がない<br>③実習費が高いとか経済的に苦しいと言いつつ、スマホ代がかかっている、お金の使い方の優先順位がつけられていない<br>④教科書に載っている住宅の間取りや家族像に該当せず、一人親やパート・非正規雇用などが実情 |

有無⑤ホームルーム・進路指導での貧困生徒への取り組みの有無⑥家庭科授業を通して貧困状態が見える場面の有無⑦貧困対応として家庭科授業での取り組みの有無―である。ここでは④と⑥について報告したい。それらを表1にまとめた。

食生活では、食事に栄養バランスが欠け、食事を作る環境が不十分（時間・食材・知識・技能）と言わざるをえない。子ども本人も無頓着で、本物の味ではなく添加物などの過剰な食物を食べていることが多い。これでは健康な身体に支障をきたすだけでなく、生活習慣病慢性症候群が子ども世代でみられ、将来を見越すと大変危険な状況である。

## 2. かごしま子ども調査から読み取れるもの

２０１７年6月の「鹿児島県子ども生活実態調査概要」（＊7）を見てみよう。この調査は「子どもの生活状況や家庭の経済状況を把握し、今後の子育て支援に生かす」のが目的とある。調査対象者は無作為に抽出した県内の公立小学校の1年生と5年生ならびに公立中学2年生の保護者である。回収率は33・3％であった（配布８３５４件、回収２７８５件）。この調査から得られた特徴と現状について述べたい。

## （１）所得類型別区分

所得類型区分としては以下のように区分を考えている。

A類世帯　等価可処分所得が中央値の２分の１（１２２万円）未満の世帯

B類世帯　等価可処分所得が１２２万円以上２４４万円未満の世帯

C類世帯　等価可処分所得が中央値（２４４万円）以上の世帯

（中央値　平成25年国民生活基礎調査における等価可処分所得の中央値で２４４万円）

行政では「世帯」としているが、本稿では「家庭」を使用する。これによると母子家庭ではA類家庭が39・7％、B類家庭が35・1％、C類家庭が20・9％を占めていることが分かった。また父子家庭ではA類家庭が14・7％、B類家庭が54・7％、C類家庭は28・0％という結果である。これから母子家庭が全体として所得が低いということが分かる（図２）。これは労働

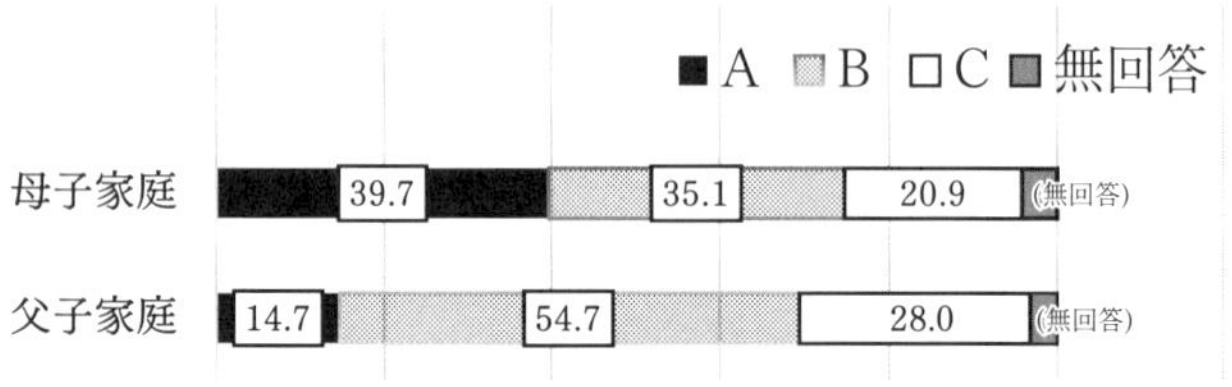


図２　所得類型

形態が非正規雇用であると推察されることと、一般的には男性の賃金に対して女性の賃金が低いためと考えられる。

## (2) 子どもが放課後に過ごす場所

子どもが放課後に過ごす場所では、全体として「自宅」が多いが、予想に反してA類家庭で自宅にいることが少ない。塾や習い事に通っているわけではないので、子ども同士で過ごしているか、ひとりでどこかにいると予想される。

塾や習い事に通う子どもは、A類家庭は30・9%でC類家庭の50%に比べて少なく、所得の少ない家庭ほど通うことができないという結果が鮮明になった。また「今後利用したい場所」として「児童クラブ」を挙げている家庭がA類家庭で25・6%、B類家庭は23・5%、C類家庭は21・2%と増加している。学童クラブの充実・拡大・拡充は大きな課題と考えられる。子ども同士の居場所づくりとして「子ども食堂」の設立根拠になることは言うまでもない。

## (3) 子どもの学習や進路

親が子どもの学習意欲に応えられなかった割合は、A類家庭で54・3%、B類家庭で

42・8％、C類家庭では20・5％であった。所得の低い家庭ほど子どもの学習意欲に応えられていない実態が明らかになった。この数値からも、低所得家庭だけでなく義務教育の子どもがいる家庭すべてに生活支援や就学支援の拡充は求められてもよいと思われる。

「私の成績のよさが逆に母親を苦しめている」というCMがある。こうした思いは、当事者の子どもだけでなく保護者までもつらくさせている。内閣府が制定した「子どもの貧困対策推進に関する法律」（平成25年法律第25号）。その内容・目的は「子どもの将来がその生まれ育った環境によって左右されることのないよう、貧困の状況にある子どもが健やかに育成される環境を整備するとともに、教育の機会均等を図るため、子どもの貧困対策に関し基本理念を定め、国等の責務を明らかにし、及び子どもの貧困対策の基本となる事項を定めることにより、子どもの貧困対策を総合的に推進することを目的とする」というものである。

「進路に対する不安」（図3）はA類家庭が25・6％、B類家庭では13・8％、C類家庭では6・1％であった。大学進学希望に

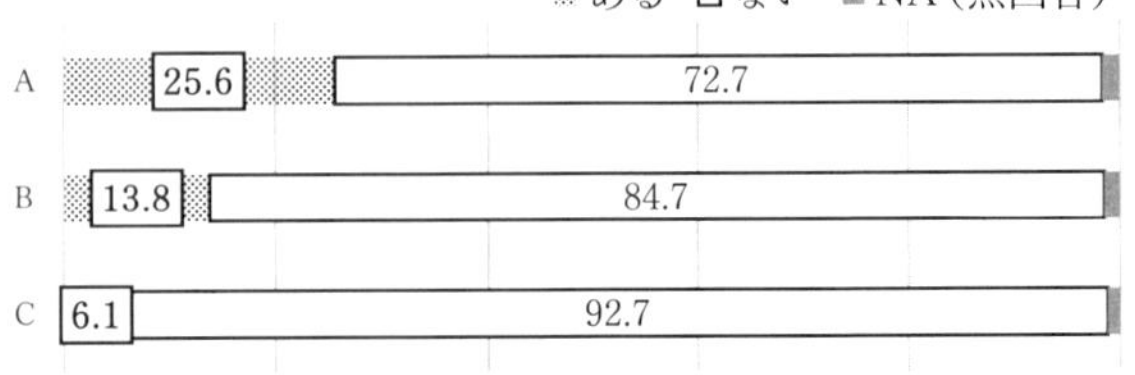


図3　進路に対する不安

関して最も大きな「格差」がみられ、A類家庭で32%、B類家庭で43・1%、C類家庭では64・2%と所得が高いほど進学させたい保護者の意向が分かる。それでも子どもには最低でも高校卒業か専門学校までの学歴はつけさせたいと願っている様子が伺える。この保護者の思いに沿って、「子どもの将来がその生まれ育った環境によって左右されることのない」ように解決策を立てるべきであろう。それには、給付付きの奨学金や就学援助の拡充、義務教育の無償化は必須条件である。

### （4）医療機関の受診

子どもは大人と違い体温調節が未発達であり、ケガも多い。真夜中に高熱を発したり、不慮の事故に遭ったり、医療機関の受診は日常茶飯事である。大人であれば我慢できても、特に乳幼児だと我慢どころか生死にかかわることも少なくない。今回の調査でこの項目を入れたのは評価できる。

図4のように、「医療機関の受診」に関してA類家庭では実に

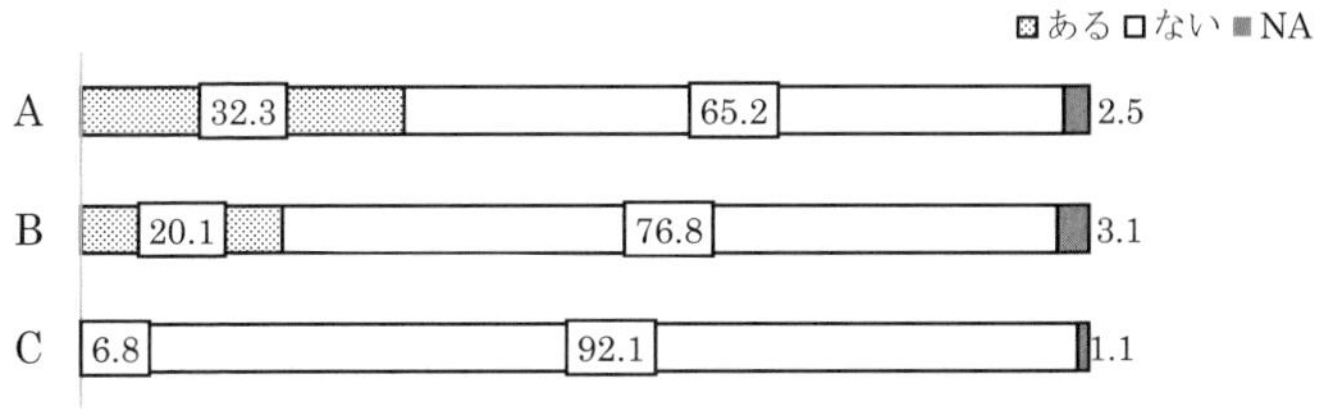


図4　経済的な理由から医療機関への子どもの受診ためらい

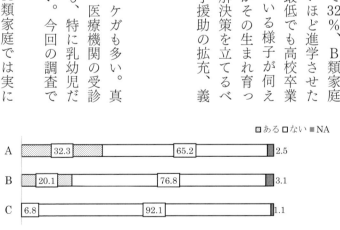

3割強の家庭が「受診をためらったことがある」と答えている。所得の低い家庭ほど「ためらい」が高率であり、格差のひとつと言える。子どもたちが平等に診療を受ける権利を保障することは緊急の課題である。

### (5) 家計支出

家計支出に関する報告書によれば、家計支出が困難であった割合については食料、衣類、学用品、公共料金などすべての項目でA類世帯が最も高い。「過去1年間に経済的な理由により学用品を買えなかったことがある」の調査項目では「よくあった」「ときどきあった」「まれにあった」「まったくなかった」の4肢選択で求めたところ、「よくあった」「ときどきあった」「まれにあった」を合わせてA類家庭は40％、B類家庭は20％、C類家庭では約5％(無記入)であった。低所得ほど「あった」ことが多い現実がここでも分かる。

次に「過去1年間に経済的な理由により公共料金を払えなかったことがある」の調査項目では「あった」「なかった」「該当しない」の3選択の中から1つを求めたところ、A類家庭では「あった」が29・0％「なかった」が47・1％、「該当しない」が22・8％であった。B類家庭では「あった」が12・6％、「なかった」が57・4％、「該当しない」が28・2％。C類家庭では「あった」が不明確で、「なかった」が56・2％、「該当しない」

が39・6％であった。このように、家計支出でもA類家庭では他の類家庭とも異なり、家計状態が大変厳しいことがわかる。

以上の結果からも義務教育無償化の根拠が示されると考える。

## 3．子ども食堂の役割

### (1) なぜ今「子ども食堂」か

7人に1人が経済的ハンディを背負っている日本の現状において、近藤博子氏が初めて「こども食堂」と命名し、開店してから5年以上が経過した。全国的には2018年現在2200店舗以上といわれている。子ども食堂がどこでいつ頃、誰が開店したのかは諸説あり、定かではない。いずれにしてもこの間、子ども食堂への認知が広がり、支援者も多くなったのは2008（平成20）年の「医療を受けられなかった子どもが3万人いた」という報道からである。子ども、および大人の「貧困」がクローズアップされてはいるものの、『子どもと貧困の戦後史』（青弓社　2016年）によれば、戦後すぐは子どもの貧困について問題にされてはいたものの、高度経済政策以後は子どもと「貧困」が結び付くことはなかったという（＊8）。また、子どもの問題といえば、過度な受験競争やいじめ問題、学力問題などがあり、直接「貧困」と結びつくことはなかった。換言すれば「貧困」の様相がより深刻化し、カビの胞子のように広域に広がったのではないかと考えられる。確かに相対的貧困は「見えない貧困」であり、衣食住においてこれほどまで深刻になっているとは考えられなかった。しかし、いち早くこのような状況を把握し、おなかをすかしている子ども、または「個孤食」を減らす庶民の運動として起こったのが「子ども食堂」である。

## (2) 子ども食堂への意識調査

2017年10月15日、「広がれ、こども食堂の輪！ in かごしま」と題する講演会の会場で参加者の意識調査を行った。このイベントの目的は「子ども食堂」の周知にあり、同時に子ども食堂への理解と啓発にあった。

参加者350人を対象に調査用紙を配布し、187人から回答を得た（回収率53・4％）。質問内容は「子ども食堂設置への意識」と「子ども食堂への期待」の2つである。

①子ども食堂設置への意識

質問は「支援するのはよいことだと思う」「イメージが悪い」「地域の活性化にはならない」「子どもや保護者が元気になってくれる」「ボランティアを行う人は優しい人が多い」「運

営や資金源の出所が不安」の6項目である。これに対して「かなりそう思う」「まあそう思う」「あまり思わない」「全く思わない」の4つの回答から1つを選択してもらった。

結果は「支援するのはよいこと」に対して「かなりそう思う」が133人（71・1％）、「まあそう思う」が48人（25・7％）であり、全体で96・8％にもなった。以下、「子どもや保護者が元気になってくれる」も95・7％になり、子ども食堂設置への意識については、おおむね好感を持っていると考えられる。逆に否定的な「地域の活性化にならない」「イメージが悪い」の問いに対しては「あまり思わない」「全く思わない」が多く78％を超え、子ども食堂の設置に関して否定的な考えはあまりない。

②子ども食堂の役割への意識

子ども食堂への期待に関して「広く子どもたちの現状を認知し、地域・社会に問題解決の機会の提供を行うことができる」「保護者・子どもたちに格安で栄養バランスのよい食事の提供ができる」―「学習支援・生活相談を行い、今後の支援の在り方を提言できる」「新たな市民ボランティアの発掘と育成につながり、地域の中で支えあう新たなコミュニティーの創造」についての考えを「かなり期待する」「まあ期待する」「あまり期待しない」「全く期待しない」という4つの回答から1つ選んでもらった。その結果は図5のようになり、すべての項目において「全く期待しない」を選択する人はひとりもいなかった。

いずれの項目でも「かなり期待する」「まあ期待する」の合計が約95％であり、子ども食堂の役割についてもおおむね来場者は期待しているといえる。

詳細に見てみると、子ども食堂を「コミュニティーの場」としている点が注目される。核家族が日本全体で7割以上に達した現在、子育て世代が「孤立」に追い込まれている。それは地域社会からの孤立であり、親にも相談できない状況にあるからだ。それに対し、受け皿として「地域」があるが、まちづくりとしての子ども食堂は一翼を担えるものではないだろうか。

かつてスウェーデン教育の場を表敬訪問したことがある。高齢者デイケアセンターと保育園、生活協同組合が高齢者および小さな子どもの歩行時間で15分以内に点在し、コミュニティーの場になっている。このことを考えると、日本におい

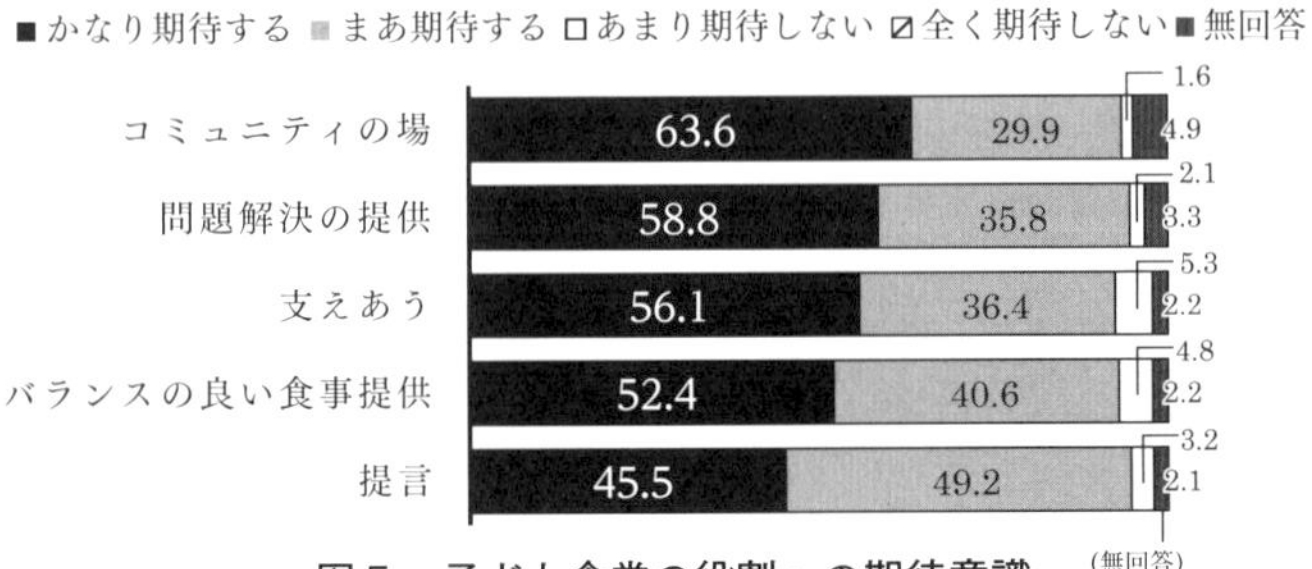


図5　子ども食堂の役割への期待意識

て公的な施設（福祉館・公民館・学校・病院・老人ホームなど）が拠点となり、食事だけでなく市民の交流の場として果たす役割は大いに期待できる。また実際に、これら施設の活用は鹿児島において既に多くの子ども食堂が携わってきている。

それは、ごく自然に「問題解決」を伴うことができ、「地域」だけでなく多くの人々が「支えあう」場としての役割も見逃すことができない。子ども食堂の運営は、多くの方々のボランティアで成立していることが多い。調理をする人、机の設営や駐車場の管理、食材の提供者などなど陰で支え、見えないところで活躍するボランティアの方々の存在は大きい。つまり、子ども食堂そのものも支え合っていることが分かる。

次に挙げたいのは「バランスの良い食事提供」で98人（52・4％）が「かなり期待する」と回答したことである。著者としてはもう少し多いかと考えたが、意外と期待より低かった。鹿児島県の子ども食堂では食材の提供が多く、困ったことがない。また提供された食材を調理担当のボランティアが料理し、毎月献立も考え、バランスの良い食事を提供している。ぜひ見学またはボランティアに参加、あるいは食べに来ていただきたい。

次は、子ども食堂から社会や地域への発信の問題である。「提言」ができることに関しては「かなり期待する」が半数には満たなかった。子ども食堂は基本的には「食」を通しての活動であり、発信するという考えはないかもしれない。しかし、これまでの「調査」

や子ども食堂利用者の声に向き合い、「コミュニティーの場」であれば自分たちのニーズに対して社会や行政それぞれの立場に要求を発信し、つなぐことができるわけである。

### (3) 子ども食堂利用者からの声

森の玉里子ども食堂（鹿児島初の子ども食堂）の利用者からの声を表2で紹介する。

#### ①ボランティアに見るケアリング

ボランティアを行っている方々にインタビューあるいは調査をしたところ「ボランティアを行うことで自分の成長がみられる」「相手のことがよく考

表2

- 楽しく、ご飯もおいしくてよかったです。自分にもお手伝いできることがあって、とてもやりがいを感じました。良い空間で幸せな時間を過ごせました。
- おいしかったです。おうちご飯っていう感じの味で満足でした。
- すべておいしかったです。その中でも、そうめんのチャンプルーはいろいろなグザイが入っていておいしかったです。
- 恥ずかしがり屋の息子が徐々に慣れてきました!!　家族以外の方とご飯を食べる食育の機会に感謝しています。
- 親子で子ども食堂の日を楽しみにしております。子どもはプリンを喜んでいつも食べています。魚のお料理があるとうれしいです。
- とってもおいしかった。ボランティアの方々、ありがとう！　提供者の方々、おいしくいただきました。
- 毎回楽しく参加させていただいております。子ども食堂同士でお友達ができ、息子にとっても私にとっても大切な交流の場となっております。こんなにもおいしいごはんと豪華なプレゼントがあり、300円では心苦しいところです。ボランティアの皆様、いつもありがとうございます。
- いつも楽しみにしています。おいしいご飯ありがとうございます。リクエストでチャーハンお願いいたします。

（その他多数）

えられるし、そのように自分が考えられる」「行為自体が楽しい」『おいしい』といわれると大変うれしい」「頼りにされること自体が喜ばしい」と述べている。ケアリングとはノディングスが提唱したものであり（＊9）、医療・看護の中で実践および研究されてきた経緯がある（＊10）。従来、患者の発達（治療で完治）することは認められてきたが、介護・看護を行う看護師自体もそれによって発達しているという概念である。これに従えば、「相手のことが考えられる」ほか、すべてがケアリングということになろう。

事実、子ども食堂の運営に当たっては、子どもの視線に沿って配膳の位置、テーブルの高さや設定など試行錯誤の連続であった。「食」を通して「おいしい」との言葉かけや、親が食事をしている間に赤ちゃんを抱っこして、ゆっくり食事できるように手助けするなど、実に多様な援助を行ってきた。笑顔を見ることで元気になる、というボランティアの声もあり、相互作用によってパワーを得ていることも事実である（＊11）。

### ②利用者の声

利用者の声としては以下のようにまとめることができる。

【経済性・効率性】

「家計が助かる」など家計の補助機能がある。月2回程度でなんの効果があるのかとの反論もあろうが、利用者の声でも明確なように「助かる」のである。1回300円で栄養バランスの良い食事もおかわりもできることを考えれば、格安であり、子ども食堂の目的にも到達しているといえよう。

さらに、家庭での家事労働軽減がある。家事軽減に対しては「母親の育児放棄」などと心ない批判もあるが、日本における家事労働時間は諸外国に比べ、女性による負担が多く、男性は極端に少ない。いわゆる家事労働のジェンダー化がある。料理をするには献立・買い物・調理・後片付け—という一連の活動があり、単に「調理」だけではない。日ごろ子育てをしている上で、これらの軽減ができることを考慮すれば、「家事をおろそかにする」「育児放棄」などと言わず、ゆっくり食事をとる保証ができるのも子ども食堂の役割である。

【栄養・献立・調理技能の提供】

食事には「健康と命のつなぎ」という目的がある。それに従えば子ども食堂の食事内容は、プロの栄養士や調理師が行うことがあり、栄養バランスが良い。家庭での食事作りはワンパターン化しやすいのに対して、子ども食堂は多様な献立・食材を提供できる。そのような利用者の声も多々ある。また、何よりも「おいしい」との声がほとんどである。今後は玄米や安心・安全な食材の確保を進める必要があると考える。

【コミュニティー・居場所】

子ども食堂開設から1年を経過して最も意外であったのは、利用者の方々に「ボランティアの人と話せる」という声が一番多かったことである。運営上、ボランティアの人は必ず各テーブルに入り、利用者と話をする、というのを目標に掲げてきた結果でもあるが、利用者の方々からこのような声があることは運営していて実にうれしい。よくよく観察してみると、親同士がメール交換し、話が尽きないようである。また、「ボランティアの人に相談にのってもらえる」「何かほっとする」という声もあった。

【子どもの発達】

「子どもの発達」についてここで挙げていることは、実は相当の効果をもたらしていると考えられる。表2でも明確なように「家族以外の人との食事」を基礎に、子ども同士でよく遊ぶのは毎回のことである。異年齢で折り紙やお絵かきなどもしている。学校・家庭以外での居場所としての子どもの発達がみられる。「お手伝いを子ども食堂で行っている」「お行儀が良い」「恥ずかしがり屋が他の人と食事をとれるようになった」「食べ物の好き嫌いがなくなった」など親の観察・実感もあり、そのこと自体が大きな役割を果たしていると考えられる。世間では、子ども食堂は「食事を格安で提供する」ことのみと認識されているが、今後、子どもの発達について深く研究することにより、子ども食堂の効果として期待されるものである。

## おわりに（今後の課題）

子ども食堂がテレビドラマでも取り上げられるようになっている。それだけ、子ども食堂への認知と期待がこめられているからであろう。先述したように、子ども食堂は保護者の文化活動や就労支援あるいは他の団体・専門家へ活動の橋渡しをすることはもちろん、今後は食事提供だけでなく、コミュニティーの拠点としての役割を担うことが中心になってくることだろう。これまで民生委員の方々やその組織、地域の食材提供の方々、生活協同組合やNPO法人、フードバンク等の多様な支援団体を背景に子ども食堂は成り立ってきた。これをさらに強化し、活性化するにはどうすればよいか。子ども食堂の取り組みが一つのイベントとして終わるのではなく持続的に、しかも地域に根差す「食」を通した取り組みとして浸透することで、日本の地域づくりの新たな一歩となるに違いない。

貧困の状況をデータにして、可視化していく必要があるが、今後は貧困原因をもっと明らかにし、問題解決していくことが研究内外だけでなく、政治の上でも求められる。貧困原因は「見えない」のではなく、「見ようとしない」ことにある。

［付記］
本稿は2017年度科学研究費補助金（課題番号17K01906）の助成を受けて行ったものである。

## 参考文献


＊1 田村 裕『ホームレス中学生』 ワニブックス 2007年
＊2 厚生労働省 国民生活基礎調査
＊3 青木幸子・大竹美登利・長田光子・神山久美・齋藤美保子・田中由美子・坪内恭子 貧困と向き合う家庭科教育：高校生の日常生活を対象としたアンケート調査結果から『日本家庭科教育学会誌』59巻4号 日本家庭科教育学会 2017年 218―227頁
＊4 大竹美登利・青木幸子・神山久美・齋藤美保子・田中由美子・坪内恭子・長田光子 子どもの貧困と高等学校家庭科カリキュラム～大学進学率別にみる家庭科の科目開設状況～『東京学芸大学紀要：総合教育科学系』68（2） 東京学芸大学 2017年 331―340頁
＊5 田中由美子・青木幸子・大竹美登利・長田光子・神山久美・齋藤美保子・坪内恭子 「貧困と向き合う家庭科教育～高校家庭科教員への調査結果から～」『日本家庭科教育学会誌』60巻 4号 日本家庭科教育学会 2018年 183―194頁

＊6　神山久美・坪内恭子・青木幸子・大竹美登利・長田光子・齋藤美保子・田中由美子　高等学校家庭科教科書における貧困に関連したキーワードの記述に関する検討　『山梨大学教育学部紀要』２通巻26　山梨大学教育学部　２０１８年　１１９―１３１頁

＊7　鹿児島県保健福祉部子ども福祉課　かごしま子ども調査　２０１７年

＊8　相澤真一・土屋敬・小山裕・開田奈穂美・元森絵里子『子どもと貧困の戦後史』青弓社　２０１６年

＊9　ノディングス『ケアリング』晃洋書房　１９９７年

＊10　中野啓明・立山善康・伊藤博美『ケアリングの現在〜倫理・教育・看護・福祉の世界』晃洋書房　２００６年

＊11　齋藤美保子編著『森の玉里子ども食堂奮闘記鹿児島発』南日本出版　２０１７年

# 睡眠とネット・ゲーム・スマホ関連記事

〈南日本新聞掲載記事より〉

# 1．子どもの睡眠について

## (1) 子どもの睡眠危機／夜更かし、脳発達に悪影響

この40年の間に、日本の子どもの睡眠時間は約1時間短くなり、世界の国々と比べて際立った減少を示しています。夜0時以降の就寝が小学生で約5倍、中学生で3倍増えているのです。遅寝とそれによる睡眠不足が、乳幼児から学童、生徒にまで広がり、小中学生では、全学年で6割が睡眠不足による体調不良を第一に訴えています。

睡眠は体の休養だけでなく、脳の働きを元気に維持するために必要です。特に子どもにとって睡眠は脳の発達を支える大事な時間であり、大人にとっての睡眠とは必要性、重要性が異なります。

例えば、睡眠中には体の成長をつかさどるホルモンが分泌されますし、脳活動は休息に入っても、その間に、昼間勉強した内容が整理され記憶されます。睡眠は、子どもの体の成長や脳の働きに重要な役割を果たしているのです。

睡眠が不足すると、朝起きられなかったり、起きられても頭痛やだるさを訴え学校を休んだり、精神的にイライラして攻撃的になりやすくなります。不登校や心身の不調で心療内科を受診した子どもは、約半数で寝付きが悪く、3割が悪夢をみることがあると訴えています。気力と集中力が低下し、勉強や部活など学校生活への興味が薄れ、友人関係も面倒くさいと思うようになり、引きこもりがちの生活になってしまいます。

子どもの睡眠不足の主な原因は、インターネットやスマートフォン、テレビゲームによる夜更かしが挙げられます。これは不登校で受診する子どもの約3割にみられる現象です。夜遅くまで光をあびることで、体内時計の周期が長くなり寝付きが悪くなるのです。また、ゲームやネットで脳が異常興奮し〝キレ〟やすくなることも分かっています。

このほか、塾や部活で帰りが遅くなり、睡眠を削って宿題や課題を完璧にこなそうとして、睡眠不足になるケースもみられます。家族の夜型生活に追随して生活リズムが乱れて不眠になっているケースや、うつ状態・社会不安など精神的な病気から不眠になる場合もあります。

子どもの睡眠が危機にひんしている現状を打開するには、医療面からだけでなく、家庭や学校、地域社会を含めての幅広い取り組みが必要です。そこで鹿児島医療・社会・倫理研究会は、「第1回市民公開講座『子どもの睡眠』を考える」（武田薬品工業共催）を29日に鹿児島市で開催します。

各界の専門家が子どもの睡眠の重要性について講演する予定です。講座を通して、睡眠という私たちの生活にとって身近な行為が、子どもの健全な育成に大切な役割を果たしていることをあらためて考える機会になればと期待しています。


（２０１５年３月10日掲載　増田彰則）

## （２）鹿児島県内児童４割が「寝付き悪い」／スマホ・ネット依存で睡眠に悪影響
### 鹿児島市の心療内科医が小中高生調査

「寝付きが悪い」と感じている鹿児島県内の小学生の割合が４割を超えることが１日、鹿児島市の心療内科医の調査で分かった。最も高かったのは２年生で49％を占めた。「ネット・ゲーム依存症」疑いの小学生は11％に上り、このうち「寝付きが悪い」と答えたのは57％で、依存症ではない児童の割合（38％）を19ポイント上回った。ゲームやスマホが子どもの睡眠に悪影響を与えている実態が浮き彫りになった。

調査は昨年９～11月、鹿児島市の増田彰則医師（65）が県内の小学生４０６２人と中高生４６１８人の計８６８０人を対象に実施した。

「寝付きが悪い」小学生の割合は、２年生に次いで、３、５年生が46％と高かった。さらに1～3年生男子の18％が「怖い夢をよく見る」と答えた。増田医師は「小学低学年の睡眠が質、量ともに悪い」と警鐘を鳴らす。

依存症は、アメリカ精神医学会の基準に基づき、「ネットやゲームに夢中になっている」「取り上げられたとき、禁断症状（いらいらや暴力）が出る」など9項目中5項目以上該当した場合に診断した。

依存症疑いの割合は、小学1～3年男子17％、同女子6％、小学4～6年男子12％、同女子7％。中学生は男子、女子いずれも15％、高校生は男子16％、女子20％だった。

厚生労働省の研究班が2012年度に行った調査では依存症疑いは中高生全体で8％だった。ここ数年で、依存症疑いの児童生徒が増え、低年齢化が進んだことをうかがわせる。高校生で女子の割合が高いのはスマホの利用時間が長いためとみられる。

就寝時間が午後10時以降と答えた小学生は、全体の37％で、6年生は71％に上った。深夜0時以降に寝るのは中学3年生で49％、高校3年生は67％だった。「寝付きが悪い」と答えた中学生は32％、高校生は26％だった。

増田医師は「発達段階にある子どもにとって、睡眠は脳をつくり、育て、守る大切な役割がある」とし、小学生は午後9時、中学生は午後10時、高校生は午後11時までに寝るように呼び掛ける。

その上で、「ゲームやスマホを長時間利用することで生活リズムが崩れ、健康や学業に支障をきたす子どもたちが増えている」と指摘。「使用についてのルールづくりが大事だが、家庭だけでは限界がある。学校や地域、国による総合的な対策が求められている」と強調した。

（2017年5月2日掲載）

## （3）インタビュー［眠らない子どもたち－鹿児島でいま］

### 家庭や社会の意識改革を／子の夜更かし、体と脳の休息第一に

＝鹿児島市の増田彰則医師に聞く

本紙連載「眠らない子どもたち―鹿児島でいま」（2～6日付）は、子どもの睡眠時間が減少し、夜型が進んでいる現状を取り上げた。鹿児島県内の小中高生の睡眠について調査を続ける鹿児島市の心療内科医増田彰則さんに、改めて子どもの眠りの重要性と家庭で取り組むべき点を聞いた。

―調査では「寝付きが悪い」と回答した児童が4割を超えた。

「特に低学年の寝付きの悪さは、ネットやゲームの影響を強く受けていることが考えられる。『ネット・ゲーム依存症』疑いの割合が高かったのは小学校低学年の男児。中学生男子よりも高く、幼児期からゲームに長時間没頭している可能性がある」

「睡眠が足りていない依存症の子どもたちは自分をコントロールできず、自分の思うようにならないとわずかなことでも切れやすい。そんな子どもたちがそのまま大人になると、社会でさまざまな問題が起きるのではないか」

—睡眠を十分にとった方が学力の向上につながるというデータもある。

「睡眠は昼間に学んだ知識を整理し記憶する時間。7〜8時間寝る子どもの成績が高いという研究結果もある。教員の意識改革も必要。夜遅くまでかかって宿題をする子どもよりも、睡眠をしっかりとって元気に登校してくる子どもを褒めてほしい」

—子どもの睡眠を確保するために家庭でどう取り組めばいいのか。

「一番重要なのは、親が子どもに関心を持ち続ける姿勢。忙しくてもできるだけ1日に1回は一緒に食卓を囲むなど親子で向き合う時間をつくってほしい。子どもが自分のことを気にかけてくれていると感じなければ、就寝時間やゲームの使用ルールを決めても反発する」

「親が子どもの前でスマホやゲームをいじる姿を見せないことも大切。その上で低学年まではスマホやゲームをさせないことが好ましい。10歳になるまで家庭内でルールづくりができるかが勝負だ」

—社会はどう変わるべきか。

「子どもたちは忙し過ぎる。学習塾の時間を短縮したり、スポーツクラブや部活動を週末にやり過ぎたりしないなど、子どもの体と脳を休ませることを第一に考えるべきではないか。連載にも書かれていた夜9時以降の〝大人の時間と空間〟に子どもを入れないという意識を社会全体で共有しなければ、子どもの健全な発達を図ることができなくなる恐れがある」

（2017年5月13日掲載）

## (4)［ストレスドクター：ココロとからだの処方せん］子どもの睡眠リズム障害／ホルモン乱すゲーム依存

【ケース】

小学6年生のD君が、母親に連れられてクリニックを訪れたのは6月初旬。受診理由は、不眠と不登校だった。

母親によると、5年生の夏休みからゲームやパソコンに夢中になり、夜中から明け方に寝て昼間に起きる生活になっていった。長いときは1日10時間以上画面に向き合うこともあったという。2学期が始まってからも、その生活リズムを変えられず、遅刻したり、登校しても体のだるさを訴えて保健室で休むことが多くなった。友達との交流も減り、6年生になってから登校を渋るようになった。

初診時のD君は体のだるさを訴え、無気力で表情に精彩を欠き、ゲーム依存に伴う睡眠リズム障害と抑うつ状態と診断された。治療として、夜は電源を抜いてゲームやパソコンをしないこと、午後10時に布団に入ることを約束させた。薬物投与に加え、自律神経機能の調節や代謝の改善をはかるため、体の深部体温を上げる温熱療法を行った。学校や家庭で抱えている悩みについては、心理士によるカウンセリングが実施された。その結果、正常な睡眠のリズムがとれるようになり、登校できるところまで回復した。

【アドバイス】

最近の鹿児島県内の小中高校の児童・生徒を対象とした「睡眠と生活リズム」についての調査によると、午前零時以降に就寝する生徒が27％いるという。就寝が午前1時を過ぎると寝付きが悪くなること、ゲームやパソコンをする時間が長くなるほど寝付きが悪くなることも指摘された。

疲れがとれない、やる気が出ない、朝どうしても起きられず登校できない子どもの中に、睡眠リズム障害の頻度が増えている。原因として多いのが、長時間かつ深夜までのゲームやインターネット、携帯電話である。D君はゲーム依存による睡眠リズムの狂いから不登校になっていた。

睡眠と覚せいのリズムを調整しているのは、脳の松果体から分泌されるメラトニンというホルモンである。夜間の暗闇で活発に分泌されて睡眠を促し、昼間明るいところでは分泌が抑えられる。したがってゲームやパソコンの画面から光を浴び続けると、メラトニンの分泌が抑えられ睡眠が阻害されることになる。

治療としては、①長時間ゲームやパソコンの画面を見ない②暗い所で寝る③昼間は室内を明るくして屋外の光を浴びる―などが挙げられる。明るい光を体に照射してメラトニンの分泌リズムを整える光パルス療法や、温熱療法も最近実施されている。

ゲームや携帯電話の普及が、子どもの生活や睡眠のリズムを変え、心身の健康を害している。ゲームやインターネット依存にならないように家族で子どもの生活リズムを見直すことが治療のスタートだ。

（2007年9月7日掲載　増田彰則）

## （5）［続ストレスドクター：ココロとからだの処方せん］光照射療法／睡眠のリズムを調整

【治療技法】

もともと人は日の出とともに起き、昼間に活動し、日が沈むと休息・睡眠を取るのが本来の姿だ。ところが最近はテレビやゲーム、インターネットなど電子機器が家庭へ普及。夜遅くまで強い照明を受けたり、交代勤務の増加で夜活動して昼に寝るなど、自然と逆行した生活をする機会が増えている。生活スタイルの変化で睡眠リズムの乱れが起こり、気分障害や子どもの不登校が増えている。

人の睡眠は、朝起きて太陽光を浴びると体内時計がリセットされ、夜になると自然に眠くなるようになっている。

この眠気をつかさどるのが脳の松果体から分泌されるメラトニン。朝日を受けると約13時間後の夜9時ごろから分泌が始まり、それから1~2時間して自然な眠気がくる。このメラトニンの分泌タイミングを光を用いてコントロールするのが光照射療法である。

朝日を浴びるのが理想だが、睡眠障害や気分障害で悩んでいる人はなかなか朝起きることができない。そこで5000~1万ルクス程度の人工光を治療に使用する。

思春期に多い深夜から明け方に寝て昼すぎに起きる睡眠相後退症候群では、朝の起床直後に高照度の光を1~2時間浴びることで睡眠リズムの遅れをリセットする。逆に高齢者に多い早く寝て夜中に目が覚める睡眠相前進症候群では、寝る前に光を照射する。

睡眠リズム障害を原因とした不登校や、冬季うつ病など季節性気分障害に効果があることが分かっている。

【ケース】

中学2年のK君は、明け方に寝て夕方起きる生活から不登校が続いていた。母親が無理やり起こしても昼間はだるさを訴え、無気力でぼんやりした状態だった。小児科で睡眠の乱れを指摘され、生活リズムの修正と朝日を浴びるように指導されたが、なかなか実行できず当院を受診した。

睡眠障害以外に、父親がいない寂しさや学校での友人からのいじめを訴えた。母親は夜遅くまで働いており、一人で過ごす時間が長く孤独感を埋めるようにゲームやインターネットの世界に唯一の自分の居場所を見いだしていた。

睡眠相後退症候群による不登校と診断。その原因として、学校での適応上の問題と電子機器への依存があった。治療として生活指導と心理士によるカウンセリング、内服治療を実施。さらに、光照射療法と低温サウナで体を温め保温効果を持続させる和温療法の併用療法を行った。その結果、約半年間の治療で睡眠リズムが修正され、部分登校ができるまで改善した。2年たった現在、充実した高校生活を送っている。

朝の光は睡眠リズムを前進させ、夜の光は後退させる。夜間強い光を浴びると睡眠障害の原因になり、昼間に強い光を浴びると睡眠リズムと体温リズムを調整しメリハリのある生活ができるようになる。

（2012年5月15日　増田彰則）

# 2. ネット社会と子ども

## （1） ネット社会と子ども／ゲーム、スマホ依存防げ

テレビゲームの長時間使用が子どもに悪影響を与えると初めて報告されたのは、1982年です。問題の深刻さが医学的に認められ、2013年にアメリカ精神医学会は「インターネットゲーム障害」として正式に病気と認定しました。

現在世界中でネット、ゲーム、スマートフォンに依存する子どもが急増しており、日本では2013年の調査で52万人の中高生が依存症疑いとされました。この1～2年でスマホの普及が進み、無料通信アプリLINE（ライン）や動画、ゲームに24時間アクセスできます。ますます大人の目が届かない空間で熱中する子どもが増えていることが予想されます。

2014年度に当院を受診した中高生の25％は、ネット・ゲーム障害と診断されました。同年の文科省の報告では、不登校の原因のうち、「友人との関係」が53％、その次に多かっ

たのが「生活リズムの乱れ」で34％でした。「生活リズムの乱れ」の中にネット・ゲーム障害が入っていることが考えられます。

①ゲームのことがいつも頭から離れない②取り上げられるとイライラして暴言を吐き、暴力を振るう③止めようとしても止められない④ゲーム以外のことに興味が湧かない⑤勉強や仕事、友達との交遊よりゲームを優先する――。このような症状は、ネット・ゲーム障害が疑われます。

日常生活では、睡眠リズムが乱れて朝起きられず、学校を休むようになったり、登校しても頭がもうろうとして、勉強や部活に集中できなくなったりします。親が対応に困り果てて、嫌がる子どもをやっとの思いで連れて来ますが、診断はついても治療は難しく専門的に受け入れる施設は少ないのが現状です。

ゲームやスマホの長時間使用から依存症に発展させないために、韓国では国を挙げて子どもが深夜0時から午前6時までオンラインゲームにアクセスできないようにしました。日本でも生活習慣の乱れやトラブルへの対応策として、愛護会やPTAが主導し、ゲームやスマホの使用時間を制限する地域も出てきています。その結果、生活改善につながりトラブルも減ったと報告されています。

発達段階にある子どもに、ゲームやスマホを無制限に使用させることは、子どもの脳にダメージを与え、人生を台無しにすることが分かっています。健全に育てるために、また依存症にしないために、家庭や学校、PTA、地域を含めた幅広い取り組みが必要です。

（２０１６年１月27日掲載　増田彰則）

## （２）ネット・ゲーム依存、高校女子23％に疑い／小学４～６年男子も２割＝鹿児島県内調査

鹿児島県内の小中高生を対象にした「インターネット・ゲーム依存症」の調査で、依存症が疑われる児童生徒の割合は、小学４～６年生男子と高校生女子で２割を超えることが１日、明らかになった。依存症が疑われる中学生の42・７％が「最近成績が落ちた」と回答、依存症疑いではない層の15・７％を大きく上回った。いずれの年代でも成績低下との関連性がうかがわれた。

世界保健機関（ＷＨＯ）は6月、スマートフォンのオンラインゲームなどのやり過ぎにより、日常生活が困難になる「ゲーム障害」を新たな疾病として認定している。

調査は鹿児島市の心療内科医、増田彰則氏（66）が今年5月、県内の小学生１４６１人と中高生１６９１人の計３１５２人を対象に依存性と睡眠や成績との関連性を調べた。１日、志布志市で開かれた「キラリ輝く『しぶしっ子』育成講演会」で報告された。

依存症疑いは、高校生女子が23・7％と最も高く、小学4〜6年生男子の20・7％、同1〜3年男子の19・5％と続いた。高校生女子は会員制交流サイト（SNS）、小学生男子はゲームに依存する割合が高いとみられる。

小学1〜3年女子13・2％、同4〜6年女子7・3％、中学生男子11・9％、同女子16・8％、高校生男子は19・1％だった。

厚生労働省研究班が2012年度に行った調査では、依存症疑いは中高生全体で8・1％だった。増田医師は「依存症疑いの児童生徒が急速に増えていることがうかがえる」と指摘する。

予防のために家庭で取り組むこととして①幼いころからさせない②10歳になるまでにルールを身に付けさせる③ゲームやネット以外の楽しい外遊びを体験させる──などを挙げた上で、「一家庭のルールでは限界があり、国が早急に対策を取らなければならない問題だ」と訴えた。

依存症疑いは、アメリカ精神医学会の基準に基づき「ネット・ゲーム以外への関心がなくなる」「やめようと思ってもやめられない」「嫌なことを忘れるためにしてしまう」など9項目の中から5項目以上当てはまった場合に診断。0〜1項目の場合を「問題なし」と診断した。

（2018年7月2日掲載）

## （3）インタビュー〔時事春秋－鹿児島この人に聞く〕
### 子どものネット依存／10歳までにルールを

＝鹿児島市の増田彰則医師

―厚生労働省研究班の調査でネット依存を強く疑われる中高生は全国で約51万8千人と推計された。予想以上に深刻なようだ。

「ネット依存は医学的にはまだ疾患分類されていない。アメリカ精神医学会では『衝動をうまく制御できない障害』として扱われる。ネットや携帯電話が使用できないとイライラして攻撃的になったり、日常生活に支障をきたす状態をいう。自分の意思でコントロールできず、やめさせようとすると、激しく抵抗し、暴力をふるうことなどが問題になっている」

―鹿児島の実情は。

「5年ほど前から増えた印象がある。不登校や体のだるさ、無気力、睡眠障害を訴えて受診してくる子どもの約3割は明らかにネットや携帯依存が原因と考えられる。最近は小学生にもみられる。男子はネット上で複数で遊ぶオンラインゲーム。女子は複数の会員が同時にメールできるスマートフォン（多機能携帯電話）が多い」

―不登校や引きこもりの一因とされる。

「私の調査ではネットや携帯、ゲームを1日5時間以上しているケースの6割で不登校がみられた。深夜までずると目から入る光刺激によって体内時計の周期が遅れ、寝付きが悪くなり昼夜が逆転した生活になる。当然、学校に行けなくなる」

——そうした子どもの特徴は。

「家庭や学校で孤立した状態にある。家族機能が十分果たされておらず相談相手がいない。性格が内向的で自己主張ができないため、怒りや攻撃性をためこんでネットで発散している、などが共通する」

——ネット時代を迎え、子どもにどんな変化が起きているのか。

「親や家族が子どもを育てるために守ってきた領域から子どもがはみ出している。親と子どもが向き合う時間が減少し、親の全く知らない情報や世界に足を踏み入れているため、子どもとどう接したらいいか分からなくなっている」

「子どもの世界と大人の世界には垣根があったが、それがなくなってきた。ネットや携帯は容赦なく子どもを大人世界に連れこんでしまう。子どもの時間は本来、大人に比べてゆっくり流れている。この時間の中で身体的、精神的に成長して健全に育っていく。しかし、小学生からネット世界に足を踏み入れると、さまざまな情報に未成熟のままさらされてしまい、段階を踏んだ成長が阻害され、不釣り合いな人格形成をもたらす危険性がある」

―予防法や対策は。

「そのうち飽きるだろうと放っておくのは危険。ある程度の規制が必要だ。10歳までに家庭で使用する際のルールを作ってしっかり守らせる。特に夜は使用させないことが大事だ」

**【取材を終えて】**

『壊れる日本人―ケータイ・ネット依存症への告別』という本が出版されたのは8年前だ。現実となりつつある。著者の柳田邦男さんは「便利なものを受け入れると必ず失うものがある。少し不便でも、大事なものを手放さないための選択の大切さを意識して」と警告した。片時もネットを手放せない子どもたちは、私たちが失ったものを問いかける。それを考えるのは大人の責任だ。

（２０１３年9月8日掲載　編集局長・東郷信孝）

**（４）深刻化する子どものネット・ゲーム依存＝気力が低下し無関心に**

厚生労働省研究班が２０１８年に実施した調査では、ネット・ゲーム依存症（以下、依存症）が疑われる中・高校生は93万人に上り、２０１３年から倍増していることが明らかになった。男子は中学生11％、高校生13％、女子は中学生14％、高校生19％であった。

この報告では小学生は対象となっていないが、私が2年前に鹿児島県で調査したところ、依存症疑いの男子は低学年（小学3年以下）17％、高学年12％、女子は低学年6％、高学年7％であった。低学年男子が突出して高く、さらに今年の調査では低学年20％、高学年23％と増えていることが分かった。

また、保育園・幼稚園児の母親を対象にした調査では、ゲームに夢中になっている割合が2歳で4割を超え、スマホをする割合は3歳で4割を超え、急速に低年齢化していることも明らかになった。

スマホ・ゲームの長時間使用が子どもに与える影響は、第1に睡眠への影響である。依存症が疑われる小学生は、布団に入ってもなかなか眠れず、怖い夢をよくみる割合が高く、中・高校生では朝だるくて起き上がれず、昼間も眠たいと答える割合が高いのが特徴であった。その結果、最近の不登校生徒の7割は睡眠障害が原因となっている。

乳幼児にとっての睡眠は脳を創り・育て・守る大事な時間である。人間の脳は生後3年で神経回路網の基礎が作られ、5歳頃までに90％ができあがると言われている。この間に親や周りからの愛情に包まれ、さまざまな体験を通して学習し、ゆっくり時間をかけて脳は成熟していく。しかし、脳への強烈な人工光線と機械音の刺激で睡眠が障害されると、神経回路網の形成・維持に悪影響を与え、脳が傷つく恐れがある。

第2に、イライラして攻撃的になることである。親がネット・ゲームをやめさせようとした時イライラすると答えた割合は、小学校低学年の男子が4割と最も高く、高学年と中・高校生は3割であった。驚いたことに2歳から5歳までの幼児の4人に1人がやめさせようとするとイライラして怒りだすと母親が答えたことである。

暴力的なゲームを長時間したり、刺激的な映像を長時間見ると他人の痛みを感じる中枢が鈍感になり、自分の痛みを感じる中枢は過敏に反応して攻撃的になることが確認されている。文科省の調査でいじめや暴力件数が小学校で大幅に増えていることが分かっているが、低年齢からのネットやゲームの長時間使用が原因の一つと推察される。

第3に成績と学業に与える影響である。東北大学の川島隆太教授の調査から勉強した後にゲームやスマホを長時間すると成績は下がることが分かった。また、私の調査から依存症が疑われる中・高校生で勉強が好きと答えた割合はわずか1割であった。ネットやゲームを長時間すると勉強した内容が消えてしまい、さらに気力・意欲が低下し学業に関心が向かなくなるためと考えられる。

第4に脳に与える影響である。脳科学の進歩により依存症の脳に器質的な変化が起きていることが分かってきた。興奮や快楽に関する中枢が肥大していることや感情処理をつかさどる神経繊維の損傷、衝動性や恐怖・攻撃性をコントロールする中枢の異常が認められている。依存症が長期にわたって続くと脳に不可逆的な損傷がおこり、さまざまな精神症状や問題行動を引き起こすことになる。

低年齢の子どもほどネットやゲーム・スマホの影響を強く受ける。子どもの脳は水を吸収するスポンジに似て目にした物、耳にしたことをそのまま素早く吸収する。刺激的な映像や音にさらされると脳は興奮し、興奮を覚えた脳はさらにそれを要求するようになる。刺激を欲しがる反応は低年齢であるほど自制が利かず、のめり込んで依存症に発展することになる。

世界保健機関(WHO)は依存症が世界人口の6%(4億2千万人)以上いると推計し、今年6月には「ゲーム障害」という新たな病気として認定した。

ネットやゲーム・スマホから子どもを守ることは今や世界各国の重要な課題となってきている。フランスは今夏、小・中学生を対象にスマホやタブレットの学校持ち込みを禁止する法案を国会で可決させた。韓国では2011年から16歳未満の青少年の夜間のネットへのアクセスを制限するシャットダウン制度を国策としている。日本でも次の時代を担う子どもの健全育成のため早急な対策が求められる。(2018年12月3日掲載　増田彰則)

### (5)「子どもの脳守る社会を」「ゲーム依存症の低年齢化進む」

人間の脳は生後5年で90%できあがり、12〜16歳で完成するといわれている。そして5

歳までは、エネルギーの40～85％が脳の発達に回される。この間、親や家族の愛情に包まれ、さまざまな体験を通して学習し、ゆっくり時間をかけて脳は成熟していく。

脳の発達に極めて重要な小児期に虐待を受けた子どもの脳は変形していることが福井大学の友田明美教授の研究で明らかになった。不適切な養育環境で育ち、不安や恐怖、悲しみや怒りの感情を持ち続けると脳に悪影響が出ることが脳画像技術の進歩から見えてきたのである。

暴力を受けると、感情や思考をコントロールして行動を抑制する脳の部位が萎縮する。暴言を浴びせられると、聴覚野が肥大し音や声に過敏となる。親のけんかを繰り返し目撃して育った子どもは視覚野が萎縮し、無意識に視野に入らないように防衛していることも分かった。

ネットやゲーム依存症でも脳に変化が起こることも分かってきた。快感や興奮を感じる部位の肥大化や感情処理と衝動性のコントロールに関連する部位の異常、さらに恐怖や攻撃性をコントロールする部位の活動が低下し、暴力に対して脳が鈍感になる。

現在、世界人口の6％（約4億2千万人）がネット・ゲーム依存症と推定されており、世界保健機関（WHO）は今年の6月に依存症を「ゲーム障害」という病気に認定した。

日本でも2013年に厚労省は中・高生の8・1％（約52万人）がネット・ゲーム依存

症疑いと報告している。その後、私が２０１６年に実施した鹿児島県内の調査では、中・高生は15～20％と倍増しており、小学校低学年の男子では17％と高く、依存症の低年齢化が進んでいることが確認された。

以上を踏まえ、子どもの脳を守るための４つのポイントを挙げたい。第１に、子どもが安心できる温かい養育環境を親が築くこと。第2に、愛着形成のため母親（養育者）が乳幼児の要求にしっかり応答すること。愛着によって脳は健全に発育し、心の病気を予防する。

第3に、十分な睡眠を確保すること。子どもにとって睡眠は脳をつくり、育て、守る大事な時間であり、不足すると神経細胞の生育・維持に問題が起こる。第4に、幼児期からネットやゲーム・スマホに触れさせないこと。低年齢の脳ほど影響を受けやすく、言葉の発達が遅れたり、睡眠の質の悪化や攻撃的で落ち着きのない子どもになる。

子どもの脳の発達について養育環境や子どもを取り巻く情報環境が大きく影響することが科学的に明らかとなってきている。子どもは社会の宝であり、将来への希望でもある。その子どもたちの脳が傷つかず、ゆっくりと健全に成熟していく環境を整備することがわれわれ大人に求められている。

（２０１８年7月31日　増田彰則）

（6）［南風録］

朝、目が覚めると枕元のスマートフォンに手が伸びる。天気予報やニュースに目を通す。少し前まではまず朝刊を取りに行くか、テレビをつけていた。スマホが生活の一部になったと気付かされる▼最近、寝る前に布団でスマホを見る習慣もついた。20分、30分はすぐに過ぎる。慌てて手放しても目がさえてしまい寝付けないことがままある。やめようと思うが、なかなか難しい▼病的なインターネット依存が疑われる中高生が全国で93万人に上る――。厚生労働省研究班の調査で明らかになった最新のデータだ。5年間で倍増したのも驚きなら、中高生の7人に1人という数字も衝撃的である▼鹿児島も深刻な状況のようだ。鹿児島市の心療内科医、増田彰則さんの調査では、高校生女子の4人に1人に依存症が疑われた。小学低学年男子の割合も高く、低年齢化が心配される▼精神科医の樋口進さんは、著書『スマホゲーム依存症』で、酒やギャンブルと比べて「いつでも、どこでもできる」ため危険度が高いと警告する。スマホが普及し、手軽にネットとつながるようになった影響は大きい▼厚労省研究班が使った質問票に答えてみた。8項目中5項目以上当てはまると依存が疑われるが、三つ当てはまった。少しほっとしたが、立派な〝予備軍〟である。意識的に遠ざけるぐらいが、スマホとのちょうどいい距離なのかもしれない。

（2018年9月4日掲載）

# 地域の取り組み

# さつま町の子育て支援とゲーム・スマホに対する取り組み

さつま町役場　子ども支援課長　鍛治屋　勇二
さつま町教育委員会　社会教育課課長補佐　早﨑　行宏

## 1．「さつま町」の紹介

さつま町は鹿児島県北西部に位置し、北部には紫尾山（標高1，067ｍ）があり、総面積は303・90㎢である。東に鹿児島空港や九州自動車道横川ＩＣ、西に九州新幹線の川内駅と出水駅等があり、交通アクセスに恵まれた位置にある。

人口は平成17年の国勢調査で2万5688人（高齢化率34・7％）であったのが、令和元年6月1日の推計人口では2万7737人と減少している。

町の中央を南九州一の大河である川内川（延長138㎞）が流れ、5月から6月にかけて数多くのホタルを目にすることができ、また温泉や緑豊かな竹林など自然あふれる町である。

基幹産業は農林業で、特に「薩摩中央家畜市場」の子牛取引価格は全国トップクラスを誇っている。

## 2. さつま町の子ども・子育て支援

人口減少社会が叫ばれる中で、本町においても、産まれる子どもの数が減少していることから、「産み育てやすい環境づくり」をテーマに、町民にわかりやすい組織を検討して、平成29年9月に「子ども支援課」が誕生した。

### (1)「子ども支援課」の取り組み

子ども支援課は、児童福祉等を担当する「子育て支援係」と母子保健や口腔衛生等を担当する「子ども健康係」で構成され、妊娠期から子育て期にわたる一貫した支援体制をとっている。さらに多様化する相談に総合的に対応するために「子育て専門相談員」も配置した。支援する職員体制は保健師、保育士、歯科衛生士、栄養士、看護師、助産師など専門スタッフで構成している。

少子化が進む中で、育てにくい・育ちにくい子どもと保護者への支援は大変重要なことであり、町内の保育園・幼稚園、小・中・高校、福祉関係事業所に従事する職員等のスキルアップを図っていく必要があることから、「子どもの発達支援連絡会」を年数回開催して専門医、養護学校教諭、臨床心理士等の専門家を招き、情報交換を実施している。

平成28年6月、本町出身の増田彰則先生（心療内科医）を講師に招き講演していただき、子どもの発達に睡眠不足とメディアの長時間使用が問題であることが分かった。そこで同年11月、増田先生の協力のもとで町内すべての小・中学生1551人を対象に睡眠とゲーム・スマートフォン（スマホ）の使用についてアンケート調査を実施した。

分析の結果、小学高学年から夜10時以降に寝る割合が5割を超えることと、小学低学年の男子にゲーム・スマホ依存症を疑われる子どもが多いことが分かった。

この結果を踏まえ同年12月、町民向けに「子育て支援研修会」を開催し、増田先生に子どもの発達と睡眠・メディアについて講演を依頼した。この研修会には学校関係者や民生委員、児童委員も多数参加。問題の重大さを参加者で共有し、教育委員会（社会教育課）と協議して家庭教育の推進に連携していくこととなった。

### (2) 子ども・子育て応援大使

増田先生には平成30年4月に「さつま町子ども・子育て応援大使」第一号を委嘱した。「子ども・子育て応援大使」は、本町独自の施策で全国的にも珍しい。「観光大使」や「地域おこし協力隊」などの制度を子育てに特化した考え方で、子育てに関する情報の提供・発

# さつま町 子育て助言 大使委嘱

## 第1号に地元出身、増田彰則医師

さつま町は本年度、子育て環境について町ゆかりの専門家に助言を受ける「子ども・子育て応援大使」制度を設けた。大使第1号には鹿児島市で心療内科クリニックを開業する増田彰則医師(66)が就き、4日委嘱式があった。

増田医師は中津川出身で、子どもの睡眠障害やインターネット、ゲームなどのメディア依存の調査研究を行ってきた。町内では一昨年から、小中学生や未就学児約220人を調査。また講演会や啓発ポスターの監修などを通して、幼少期の睡眠の大切さを呼び掛けている。

「子ども・子育て応援大使」に委嘱された増田彰則医師（右）と日高政勝町長＝さつま町役場

大使の任期は3年で、再任もある。委嘱式は町役場で行われ、増田医師は「地域を挙げて子どもの脳を守る取り組みは、全国的なモデルになりうる。さつま町から発信したい」と抱負を述べた。7月には町内3カ所で若い保護者向けの講演を行う予定。（本坊弓子）

（南日本新聞　平成30年4月8日付）

信、助言指導等を任務としている。

令和元年4月、鹿児島大学名誉教授平川忠敏先生（臨床心理士）に応援大使第二号を委嘱した。今後、子育てで問題を抱えている親やゲーム・スマホ依存の子どもたちを対象にカウンセリングを通し指導していただく予定である。

## 3．家庭教育の取り組み

さつま町教育委員会では、さつま町教育振興基本計画を策定し、それぞれの分野ごとに教育目標を定めて、取り組みを行っている。家庭教育に関しては、「家庭の教育力の向上・地域の教育力の向上」を目標に掲げ、地域家庭教育推進協議会などの関係機関と連携して家庭教育支援推進事業を計画・実施している。

### (1)小・中学生のゲーム・スマホ使用実態調査と啓発活動

近年、ゲームやスマホにのめり込み、日常生活に支障をきたす子どもの増加傾向が問題となる中で平成28年、増田彰則先生の協力の下で本町の小・中学生を対象にゲーム・スマホの使用に関するアンケート調査を実施した。その結果、「ゲーム・スマホ依存症」の疑いがある町内の小学1年～3年生の男子の割合が18・8％に上るとの深刻な状況が明らかになり、関係者に大きな衝撃を与えた。

教育委員会では、早速「新たな視点を取り入れた家庭教育の内容の拡充」を目標に掲げ、課内協議を経て、町および町地域家庭教育推進協議会などの関係機関・団体に問題提起を行い、「子どもの脳と心の発達に大切な睡眠と家族」をテーマとする講演会の開催と家庭教育啓発物品の製作について、平成29年度に新規事業で予算編成した。

同年度においては、ゲームやスマホの長時間使用が子どもに与える深刻な状況を保護者や関係者に理解してもらうため、増田先生による家庭教育講演会を夏休み期間中の午後7時から3会場で開催し、延べ204名の参加があった。

講演では家庭・家族の意義、睡眠の大切さ、ゲーム・スマホの問題、親として取り組むべきことなどについて認識を新たにした参加者も多く、大変反響の大きな講演会となった。

平成30年度はターゲットを低年齢期に絞りこみ、保育園・幼稚園の家庭教育学級で増田先生の講演会を開催したほか、小・中学校合同による講演会も開催し、啓発を行った。

## (2) 啓発物品の「お風呂ポスター」

家庭教育啓発物品の製作に当たっては、テーマとしている「子どもの脳と心の発達に大切な睡眠と家族」への取り組みで、何が啓発物品として効果的なのか、いろいろな意見を出し合い検討を重ねた。啓発チラシのほか、面白いものではトイレットペーパーへの啓発用語の印刷や日めくりトイレカレンダー、家庭教育の手引書など様々な意見が出たが、女性の視点から「お風呂ポスター」の提案があった。

お風呂は、親子のコミュニケーションにとてもいい場所であり、普段できない話ができる条件が備わっていることと、親子でお風呂に入る年頃までの年齢層に取り組みを実践してもらうために、「お風呂ポスター」を作成することになった。

製作に当たっては、家庭における一日の生活をイメージし、内容の構成は増田先生が提言している「子どもを健全に育てるための7か条」をベースにした。そして、タイトル・テーマを「子どもの睡眠と脳を守る！我が家のルール7か条!!」として中身の文章などを検討し、イラストレーターの竹添星児氏と増田先生を交えて協議を重ねながら製作した。

内容は、睡眠時間やゲーム・スマホの使い方などについて親子で語り合い、生活リズムを見直すきっかけにしてほしい7つの項目からなっている。一番伝えたいこととして「親が子どもに関心を持ち続ける姿勢が大切であり、1日に1回は一緒に食卓を囲むなど、親子で向き合う時間をつくってほしい」との願いを込めてある。

### （3）「お風呂ポスター」の作成と使用方法

お風呂ポスターは、浴室に貼ることに特化した耐水性のある素材の特殊なポスターである。裏面を濡らすだけで浴室の壁などに接着し、水だけで簡単に貼れ、何度でも貼り替え

お風呂ポスター

子《こ》どもの睡眠《すいみん》と脳《のう》を守《まも》る！ 我《わ》が家《や》のルール7か条《じょう》！！
1 早寝《はやね》・早起《はやお》きして
十分《じゅうぶん》な睡眠《すいみん》をとりましょう。
眠りは・・・
●体の疲れをとってくれます。
●脳の疲れをとり、回復してくれます。
●昼間勉強したことが記憶されます。
●寝ている間に体が大きくなります。
2 夜更《よふ》かしをしない、させない。
夜遅くまでゲームやスマホをしていると・・・
●怖い夢をみることがあります。
●朝起きられず学校に遅れたり、休んだりするようになります。
●脳が興奮して、寝つきが悪くなります。
●寝る時間を決めましょう。小学生は9時まで、中学生は10時までが目安。
3 夜《よる》のゲームやスマホは、
ルールを守《まも》って安全《あんぜん》に使《つか》いましょう。
ゲームやスマホは・・・
●1日30分まで。
●夜9時を過ぎたら親に預ける。
●勉強のあとはしない。
4 運動《うんどう》と外遊《そとあそ》びで、
友《とも》だちをつくりましょう。
外遊びは・・・
●自然や生き物と触れ合う楽しさを経験できます。
●自分の考えや思っていることを言う練習になります。
●遊びのルールを身につけ、賢くなります。
5 食事《しょくじ》は、家族《かぞく》そろって食《た》べる
習慣《しゅうかん》をつくりましょう。
家族そろっての食事は・・・
●家族のきずなを確かめる時間です。
●1日あったことを話し合いましょう。
6 親子《おやこ》の対話《たいわ》と
ふれあう時間《じかん》をつくりましょう。
おしゃべりとふれあいは・・・
●人と話す力が身につきます。
●楽しくて幸せを感じる時間になります。
●いやなことを忘れることができます。
7 物《もの》よりも関心《かんしん》と愛情《あいじょう》を。
関心と愛情は・・・
●ゲームやスマホよりも大事なものです。
●困った時に側に居てあげることが最高の愛情です。
●一緒にすごす親子の時間を大切にしましょう。
ZZZ…
家庭《かてい》／学校《がっこう》／地域《ちいき》で、ルールを守《まも》って取《と》り組《く》みましょう。
さつま町教育委員会

ることができる。お風呂で使用することや対象者が低年齢層であることなど、使用条件も特殊であるため、品質面では印刷会社において、お風呂で色落ちしないことはもちろん、子どもがなめたりすることを想定し、製作過程で食品衛生法に基づく溶出試験をより厳しい条件で行った。食品衛生法の規定では水温40度に加温した蒸留水に10分浸した状況で試験をすることになっているが、より厳しく45度に20分浸す試験を実施した。

平成29年度は１３００枚を製作し、乳幼児から小学校低学年のいる家庭を対象に保育園・幼稚園16施設および小学校９校に１１０８枚を配布した。

お風呂ポスターは新聞や子育て情報誌などで紹介され、反響もあったことから、町内居住の希望者には無償で配布し、町外の方には１枚３００円で販売した。鹿児島市では新入生全員に配布した中学校もあった。現在まで約５００枚の売り上げがあり、関心の高さがうかがえる。

その他に関連した家庭教育啓発物品としてＡ４判のクリアファイルを製作した。裏面は、お風呂ポスターをアレンジした内容とし、表面は見る人に関心を持たせるため脳のイラストを挿絵に使い、警鐘の意味を込めて「スマホやゲームの使用を間違うと、脳が危険ですよ！」との文字を入れたほか、さつま町役場に新設された「子ども支援課」と連携して、子育てを支援する関係機関の相談先を記載した。

## 生活改善へおふろポスター　さつま町教委

# 睡眠と脳守ろう

夜のゲームやスマホはルールを守ってー。さつま町教育委員会は子どものインターネット、ゲーム依存や睡眠障害を防ごうと、浴室に貼れる「おふろポスター」を作った＝写真。小学校低学年以下の子のいる家庭に配布。「親子で語り合って、生活リズムを見直して」と呼び掛けている。

作製のきっかけは鹿児島市で心療内科クリックを経営する増田彰則医師(66)＝同町中津川出身＝が昨年行った調査で、「ネット・ゲーム依存症」疑いがある町内の小学1～3年男子は18・8％に上るなど深刻な状況が明らかになったからだ。

鹿児島市の同年代と比べて2ポイント高く、依存症疑いの小学生で「寝付きが悪い」と感じている子どもは6割近く、2割が「怖い夢をよく見る」と答えた。依存症疑いでない子どもではそれぞれ4割、1割に満たず、増田医師は「長時間のメディア接触が、睡眠の質の悪化につながることを裏付けた」としている。

増田医師は、「睡眠と脳を守る7カ条」をイラスト入りで紹介したポスターも監修。「動画やゲームの刺激は、発達段階の脳に与える影響が大きい。小学校低学年までの幼い時期ほど、注意が必要」と訴えた。

（本坊弓子）

（南日本新聞　平成29年12月14日付）

平成29年度は2000枚を作成し、保育園・幼稚園および小学校上学年を対象に、1250枚を配布したほか家庭教育講座などの研修に参加された子育て世代の方々や関係機関・団体の総会など機会あるごとに配布した。

### (4) 今後の取り組み

令和元年度は、新たに製作する「睡眠&メディア日誌」の記帳を通し、学校・家庭・PTA・地域が一体となった「子どもの睡眠と脳を守る!」運動を展開する予定である。

具体的には、運動を推進するためのモデル校に盈進小学校(児童数539人)を指定し、睡眠・メディア日誌の記帳やお風呂ポスターを活用した音読の実践のほか、「子どもの睡眠と脳を守る!講演会」(モデル校土曜授業参観講演会および就学時検診時講演会)の開催を計画している。

睡眠&メディア日誌は、一日の睡眠時間や学習時間、ゲームの使用時間を自分で毎日記帳する。目的は、日誌への記帳を通して、子どもがルールを守る習慣を身につけることと一日の自分の生活や行動を振り返り、自己評価し、問題があれば修正する力をつけることである。また、保護者が毎日チェックすることで、子どもに関心を持つとともに子どもの状況が確認できる。そして、睡眠とメディア使用、学習について家族全員で取り組むきっかけになる効果が期待できる。さらに学校の担任も内容を確認することで、クラスの子どもたちがどういう状況にあるのかを理解する手助けになる。
今後の取り組みについてまとめると次のようになる。

## モデル校における取り組み

モデル校を指定し、保護者・PTA、学校、地域等が一体となった取り組みを行う。具体的には、日常生活を振り返り、規則正しい生活リズムを確立してもらうことを目的に、それぞれの家庭が問題意識を持ち、子どもと保護者が一緒になって、お風呂ポスターの音読、睡眠・メディア日誌の記帳を行うほか、取り組みに対する理解を深めてもらうために、全保護者を対象とした講演会を開催する。

## 家庭教育啓発物品の製作

モデル校において、睡眠・メディア・学習の時間などを記帳するための「睡眠&メディア日誌」の製作を計画しているほか、全小・中学校を対象に、子ども・保護者が一緒に見てメディア依存に対する意識付けを行うための「メディア依存啓発チラシ」を製作・配布する。

### 青少年育成町民会議における取り組み

例年、青少年育成啓発推進の一環として、標語コンクールを実施しているが、本年度は「子どもの睡眠と脳を守る！我が家のルール7か条!!」に関連したコンクール募集を行い、のぼり旗を製作・配布する。

## さいごに

さつま町は「親子20分間読書」発祥の地である。今から約60年前、町内の小学校の校長先生と椋鳩十先生との話し合いが発端となり、本町から始まった「母と子の親子20分間読書」は、のちに全国的な運動として展開され、現在も「親子20分間読書運動」として続いている。また「家庭の日」もさつま町が発祥の地である。

「子どもの脳を守る取り組み」も、全国的・世界的な運動に広がりをみせることで、次世代を担う子どもたちの健やかな成長に寄与するものと信じている。

子どもの未来のために、私たち責任ある大人一人ひとりが、何ができるのか考え、まずはできることから実践していくことがとても大事なことだと思う。私たちさつま町も未来を担う子どもたちのために、できる限りのことをしていきたいと考え、現在、取り組んでいる。

# まとめ—解説を添えて

鹿児島大学名誉教授　種村 完司

本書は、次世代をになう日本の子どもたちがおかれている、とても深刻で厳しい文化環境や生活環境の現実を見すえ、その実態を多くの人々に広く正確に知っていただくために、できるだけわかりやすく説明することに努めている。ご覧のとおり、全体はさまざまな分野の専門家や識者たちの叙述からなっているが、子どもたちをとり巻く環境がどんなに切迫した危機的な状況にいたっているかについて、その認識は執筆者一同がつよい懸念のもとに共有している。

また、子どもたちの危機を説明し訴えるだけではすまない事態であることを共通に理解するからこそ、それを少しでもよい方向へ変えようと、多くの改善のための提案を積極的にうち出しているのも、本書の特色だと考えている。

読者がこの本の内容について頭を整理しよりよく理解することに役立つように、それぞれの論文(およびコラム)の主旨や重要な論点を、以下に順を追って紹介することとしたい。

最初の増田（彰則）論文「低年齢化するネット・ゲーム・スマホ依存と睡眠障害」は、子どもの危機を訴える本書の中心テーマを代表した最も重要な論文である。

筆者は、心療内科医として、近年の子どもたちに見られるネットやゲーム、スマホへの依存や疾患が、もはや見過ごすことのできない新しい段階にいたっていることを、自分の診療事例、海外の研究成果、国内および世界の統計結果などを用いて、説得的に明らかにしている。増田氏はとくに、ゲーム依存症にみられる脳の興奮と禁断症状を重視し、依存症の脳は麻薬中毒の脳に似ている、という研究結果に注目し、警鐘を鳴らしている。

17年前に公刊され評判になった『ゲーム脳の恐怖』（森昭雄著）では、ゲーム中の脳波変化の分析から、大脳皮質の前頭前野が活動停止状態に陥っていることが明らかにされた。増田氏も、そうした成果を受けつぎながら、さらに、鹿児島県内の小・中・高生に対して、ネット・ゲーム・スマホの使用状況と睡眠についての大規模な調査を実施し、ネット・ゲーム依存が睡眠におよぼす悪影響を具体的にとき明かしている。ゲーム依存が就寝時刻を遅らせ、睡眠時間を減らし、睡眠不足のゆえに脳の回復をさまたげ、深刻な睡眠障害につながっているというのである。

氏が全国調査の結果と合わせて述べている、小学校低学年にみられる暴力件数の増加はゲーム依存症の増大と関連が深いという見解には、たしかに肯かされるものがある。だからこそ、筆者が最後に提案している、依存症にしないための予防対策は、国民が意識的に取り組まなければいけない待ったなしの措置だと思われる。

すなわち、親は、ゲームやスマホを「穴埋め」として買い与えない、「ほうび」として与えない、「慰め」として与えないこと。幼児期にスマホやゲームに触れさせないこと。10歳になるまでに家庭で機器の使用ルールを作り、守る習慣をつけること。社会レベルでは、青少年の夜間のインターネット使用制限、情報機器関連の事業者に対するハード面での規制措置の要請、家庭と学校の協力のもとゲームやスマホを（親が）夜9時以降預かる取り組みの実践、の三つが提言されている。世間では、スマホ使用への規制に反対する意見もないではないが、公共的な議論を通じて、こうしたルールや方策が早急に求められていることを、みんなで了解し確認すべき時期にきているように思う。

2番目の松本宏明論文「家族会の実践から学ぶゲーム・スマホ依存の理解と対応」は、上記の増田論文と合わせて読んでもらいたい論文である。本書は、ゲーム依存の深刻な問題を明らかにするだけでなく、そこから脱却するための何らかの試みを示すことを目的としている。特効薬はないにしても、問題の解決のために、どんな方向に歩みはじめたらよいかが大切であり、松本論文は、その願いに誠実に応えてくれる内容だといっていい。

ネット・ゲームにはまっている子ども本人は病院受診を拒否するため、家族ないし親だけの受診が多いという現状から、家族会が設置され実施されたという事情がある。家族会の参加者の約80％が、中学・高校生の子どもをもつ母親だ、という。この会で最も重視されている実践が、「ペアレントトレーニング（親中心の訓練）」である。

このトレーニングは、好ましくない行動への「無視」と、好ましい行動への「ほめ」との使い分けで、子どもの行動変容をめざすものである。とくに、子どもの肯定的な行動に目を向けること以上に、注目しないこととしての「無視」という視点が大事だ、という主張はたいへん新鮮である。この視点の変化こそ、こじれてしまった親子関係を回復させる一歩だ、という指摘は読む者を納得させる。

この他に、子どもたちがなぜゲームの世界に魅力を感じるのか、その理由を援助者も知ることの必要性が語られている。筆者によれば、現代の子どもにとってゲームは、達成感をもたらし、寂しさを埋め合わせる「自己治療」の避難所だ、と。居場所としてのゲームの役割を否定しないことで、「この人もわかってくれない」という、大人にたいする子どもの先入観を強める悪循環は避けられるし、ペアレントトレーニングも、子どもの安心感を醸成しうる手がかりとなる、という主張にもたいへん説得力がある。広い視野からの子ども理解が、回り道ではあっても、信頼関係の出発点であり、事態改善のたしかな一歩なのだろう。

終わりのほうで強調されている「防御要因に働きかける」という実践態度もしっかり受けとめたい。ゲームにはまった子どもは、それまでの人生で「(ゲーム依存の)防御要因」を獲得しえなかったその結果だ、とみなすことができる。それゆえ、自己評価が高い、自己コントロールができている、などの防御要因因子に働きかけ、育んでいく、という方向性を重視すべきだ、というのである。子どもたちの人生を、過去から未来にかけての長い時間的展望のもとで見ていくことの大切さを、改めて教えられる。

3番目の西村道明論文「情報機器・システム発展の功罪と子どもの育成」は、前の2つの論文内容を、より広い視野からとらえ直す上で、大いに参考になる論文であろう。子どもたちのネット・スマホへの依存という社会現象が、1995年からの10年間で、スマホの高機能化、利便性を追求するソフトの拡充、趣味・娯楽を誘発する情報サービスの提供など、急激にでき上った過剰なほどの情報インフラを背景にしていたことが、明らかにされている。

筆者は、こうした情報通信技術の絶えまない改善・改良によって、だれでもどこでも望みうる情報収集や発信ができるようになり、情報における地域間格差が解消されたことを指摘するとともに、その反面、大きなデメリットが広範に登場したことに注意を促している。その最大の問題は、氾濫情報への耐性の低い青少年・子どもたちが、その成長過程において心的・身体的ダメージを受けている、という現実である。

とくに筆者が重視しているのが、家族・家庭の中で青少年たちが孤立しているという実態だ。総務省の「社会生活基本調査」データをもとにしながら、24歳以下の青少年の夕食にかける時間、家族とのコミュニケーションにかける時間が、他の年代に比べて少ないこと、24歳以下の年齢層で突出してゲームやパソコンに使う時間が多いこと、が明らかにされている。家族の中での子どもたちの孤立は、正常な脳の基本的発達をとげる前に子どもたちの感性・情緒に不可逆的な歪みをもたらすリスク要因なのである。

インターネット全般のもたらす社会への巨大な影響を認識するからこそ、筆者は、各年代で情報インフラの流れを正しく利用・活用できるような立法および文化の構築が急務だ、と訴える。さらに、子どもたちのゲーム機・情報端末をとりあげ制限するのではなく、その他のテーマをふくめて親子の会話、時間のもち方を、あるべき行動習慣へとつなげていけるような文化の育成が必要だ、と提案している。今日の情報インフラにたいする広い視野や批判的対応の姿勢が私たちに要求されており、そのことは、第2論文で言われた、人間的なすぐれた「防御要因」の獲得にもつながるように思われる。

コラム「取材を通してみたネット社会の子どもたちの姿」は、新聞記者川畑美佳さんによる、ネット・スマホ社会のただ中を生きている中学・高校生たちの姿をリアルに描写した論説だ。

少なくない高校生たちにとって、インターネットが悩みをうち明け、本音を語り合える居場所の意味をもっていることはたしかである。だから、ネットやSNSを単に非難したり使用禁止にしたりすることにたいして、「大人の考えを一方的に押しつけないでほしい」という彼らの反発にも、一理あるわけだ。

とはいえ、筆者は、LINEやツイッターでのやりとりの中で、激しい言葉で傷ついたり、夜も休みの日でもつづく気がぬけないコミュニケーションのため、息苦しさ・疲労を感じている多くの少年・少女たちの日常をも映し出している。

幸か不幸か、ネット社会は進化している。このコラムによって、親も教師も、ネットそのものの特性をよく理解し、子どもたちに寄り添いつつ、慎重に対応・助言する必要があることを教えられる。

4番目の津田勝憲論文「子どもと遊び―生活の中から消える暗闇―」は、現代日本における子どもたちの遊びの変質に注目し、それをひき起こしてきた日本社会の変貌に鋭いメスを入れた論文である。子どもの遊びが、数十年前と比べて、自然環境から切り離され、集団や群れの性格を失いつつあることは、多くの識者によって指摘されているが、筆者は、今の子ども世代と親世代との違いとして、とくに、遊びそのものが管理されているか否かという点を重視している。つまり、今の子どもたちの遊びには、大人が子どもの遊びに介入し、管理・指導している傾向が強い、と。大人の影響下で、子どもたちは、「安全に」「きれいに」「静かに」「効率的に」遊ぶことが求められる。これでは、自由な遊びの中から得られる子ども特有の経験やさまざまな社会力は身につかない。

つぎに、子どもにとっての遊びの意義が考察されている。子どもたちは、遊びの中で、「現実」と「非現実」の共存、「昼」と「夜」が同居する世界を体験する。そうした二重の視力ともいうべき不思議さの中でこそ、子どもたちは、数値化することが難しい非認知能力、つまり人間的気質や性格的特徴(=生きる力)を獲得していく。

第三に、子どもの遊びの変質の背景に、現代社会がもっぱら「明るさ」ばかりを追い求め、日常生活から「暗闇」を排除してきたいびつな時代変化がある、と筆者はみている。合理性や効率性が強調されすぎることによって、現代人は「明＝善／生」「闇＝悪／死」という二項対立的な視点に囚われてしまう。いい意味での曖昧さを斥けることによって、寛容さを失い、世の中を生きづらくしているのではないか、これが筆者の強い懸念である。

津田氏は、何かが襲ってくるような「恐怖心」を抱かせる暗闇を「動の暗闇」と呼び、他方、自然と関わり合い、自由な遊びや生活をつうじて、八百万の神、妖怪や生き物に囲まれつつ楽しさや美しさを感じとれる暗闇を「静の暗闇」と呼んでいる。今こそこの「静の暗闇」の大切さに気づき、「煌々と照らされる現代の家の中に『静の暗闇』が差し込むことが、日本社会に弾力をもたせるカギになるのではないか」というのが筆者の結論である。もちろん、氏は非合理な神秘主義を称えているわけではない。硬直した合理主義に陥ることなく、合理性・非合理性をバランスよく共存させている柔軟な生活態度が必要であることを、私たちに訴えている。

5番目の増田（敬祐）論文「環境から考える子どもの未来 ― 応答することの倫理」は、環境倫理学を専門とする筆者が、現代の子どもをとり巻く「環境」の特異性、その中で大人が子どもに向き合うべき基本姿勢について、ねばり強く思考し、建設的な方向性を提案しているすぐれた論文である。

まず筆者は、現代社会で最も激しい変化をとげている「情報環境」に注目し、その特徴と問題点をとりあげている。わたしたちは、インターネット環境の登場によって、大量の情報のやり取り、時間・空間にしばられないコミュニケーションを手に入れているが、他方、それへの適応のために大きなストレス、心身の不調に陥っている。とくに子どもの世界では、スマホによる情報交換が個人を単位として行われ、誰も介在せず好みの情報にアクセスできる、という現実をみれば、「情報環境の個人化」が最大の特徴だといいうる。だからこそ、子どもの自主性や自制心に委ねるだけでは大人の責任をはたしたことにはならない、という。

それゆえ、つぎに「責任」の問題がテーマになる。筆者によれば、子どもへの責任は、子どもにまともに「応答する」ことである。環境倫理学では、現在世代の未来世代にたいする責任として、生命維持の土台である自然生態系を破壊せず、暮らしやすく美しい社会的文化的環境を子々孫々に残していくという務めがあげられている。それと同じように、現在世代のわたしたちには、次世代を担う子どもを健やかに育てること、しかも、さらに彼らが次の世代の子どもを育てることのできる「責任ある大人」へと育てること、この二つの責任がある。まさに大人は、子どもに応答しつつ、子どもへと責任を引き継ぎ、循環させていかねばならないのである。

その意味で、子育てにおいて重要なのは、「いま、ここ」を優先する現時性の倫理ではなく、現在を過去や未来との連なりにおいてとらえる通時性の倫理である。すなわち、現時点での便利さや大人の都合ではなく、長い目で子どもの成長を見守り、子どもと向き合い、子どもの訴えを受けとめ、誠実に応答していくことが、真の子育てなのである。

最後に筆者は、「予防原則」と「安全基地としての地域社会」の重要性に言及している。子どもの生育に関して危険性が疑われる場合、事前の予防としてスマホやネットの使用を制限したり、子どものいのちを保護する対策をとるべきだ、と。これは予防原則にもとづいた判断である。また、現在世代には、次世代が信頼できると感じる社会を身の回りの環境（ローカルな場所）からつくっていく、という責務がある。子どもが安心して育つことのできる居場所（＝安全基地）としての環境を地域社会の大人たちみんなで準備すること、これが子どもたちへの積極的な応答であり、責任のとり方であることを筆者は訴えている。

環境倫理学でえられた知見と価値観を、今日のきびしく生きづらい社会的文化的環境の中での子育て論にも生かした、啓発されることの多い論述であり結論である。

6番目の森司朗論文「幼少期の子どもの睡眠と運動」は、スポーツ心理学を専門とする筆者が、幼児期に「外でからだを使って遊ぶこと」がいかに重要であるかを、睡眠、脳の発達、運動能力などと関連させながら、わかりやすくとき明かした論文である。諄々と筆者が説明していく論点を、読者がより理解しやすいように、列挙してみよう。

・児童生徒の運動能力が低下傾向にあるという調査結果が公表されているが、外でからだを使ってよく遊んでいる子どもの運動能力は低下していない。

・幼児の運動能力低下の原因としては、身体を使った遊び、とくに子どもの主体的・能動的な活動の減少が考えられる。

・日本の子どもたちの睡眠時間が減少しており、その原因として、生活時間・生活リズムが夜型に移行してしまった（親の生活リズムの変化が子どもに影響している）ことがあげられる。

・子どもたちの就寝時刻の遅れ、および起床時刻の遅れは、朝からの子ども自身による行動調整を難しくさせ、情緒不安定をひき起こしており、さらに朝食をとらないことも多く、午前中の活動量も少ない。

・子どもたちの健全なサーカディアン（概日）リズムを維持するためには、昼間に太陽光を浴びながら外で十分に活動することが大切であり、子どもたちの睡眠時間を確保するためにも、幼稚園・子ども園などで、昼間にからだを使って遊ぶ経験が必要である。

・睡眠は脳を育て、脳を修復し、脳をよりよく活動させる役割をはたしているが、睡眠の不足は、脳内の神経伝達物質や成長ホルモンのバランスをくずし、心身の活動力を低下させる。

・睡眠時間の長い幼児の方が、短い幼児より運動能力も高い傾向にあり、逆に子どもたちの日常における運動経験の減少は、運動能力の低下、睡眠時間の減少とも関係している。

以上、この論文によって、読者は、幼児の運動能力と睡眠時間の減少との間には、深い関連があること、「からだを使った外遊び」が十分な睡眠の前提となり、運動能力の向上や日々の活動力の増大にもつながっていることを、教えられるのである。

子どもの「主体的・能動的な活動の減少」という主張は、4番目の津田論文でも言われた「子どもの遊びへの大人による介入や管理」という指摘とも重なっており、大いに傾聴に値するものであろう。また、「幼児の体力の構造は大人の構造とは違って『未分化』である」という森氏の見解は、単に未熟さだけでなく、筋力や持久力などの能力要因が一体のものとして発揮され総動員されることを意味するが、この『未分化』という特色は、子どもの体力や遊びに関して、親や教師に共有されるべき重要な見方・考え方であるように思われる。

7番目の齋藤美保子論文「鹿児島の子どもの貧困と子ども食堂の役割」は、現代日本（および鹿児島県内）における子どもの貧困の実態をいろいろな調査、統計資料にもとづいて検討し明らかにした上で、子どもたちの食・生活・文化を少しでも豊かにしようと、「子ども食堂」を鹿児島の地で開設・運営してきた経緯とその成果をはじめて公にした貴重な論文である。

前半では、筆者が鹿児島県高等学校家庭科教員にたいして行った質問紙調査、および「鹿児島県子ども生活実態調査概要」から明らかになった、さまざまな側面の子どもの貧困実態が紹介されている。学習面での貧困 ―教科書代や校納金が払えない／食生活での貧困―朝食の欠食、おやつ・スナックなどが食事の代わり／学校生活・進路面での貧困 ―修学旅行に行けない、提出物の遅れ（ノート・筆記用具などを買わない）、進学の断念、等々がそうである。

「調査概要」の分析からは、所得が少ない家庭ほど塾・習い事に通う子どもは少ない、可処分所得の低い家庭では「進路（とくに大学進学）に対する不安」が高い、医療機関への受診についても貧困家庭の3割弱が受診をためらっている、経済的な理由で学用品が買えなかった、等々の実情が、浮かびあがっている。貧困は、子どもの生活、学習、医療、進路の諸側面で、現在および将来の選択肢をいかに強く制約し、個人の行動の可能性をいかに大きく縮小させるものであるか、を教えられる。

論文の後半では、空腹の子どもたち、個食・孤食におかれている子どもたちを減らす運動として始まった「子ども食堂」が、じつに多面的な役割ないし地域への貢献をしていることが、わかりやすく叙述されている。子ども食堂に関する調査や利用者の声の聴取をつうじて、筆者は、つぎの諸点をあげている。

⑴ 子ども食堂のおかげで、「子どもや保護者が元気になってくれる」、「地域の活性化につながる」ことが期待できる。

⑵ 子ども食堂は、「コミュニティの場」となっており、交流をつうじて「問題解決の提供」も可能となっている。

⑶ 子ども食堂は、多様な献立・食材を提供でき、「おいしい」という利用者の声がほとんどである。また、食堂の利用によって、「家計が助かる」という家計の補助機能、家事労働の軽減が、多かれ少なかれ実現できている。

⑷ 子ども食堂に参加しているボランティアも、食堂の運営をとおして多くの笑顔や感謝の言葉を得て元気になるというように、自分の充実感や成長（＝ケアリング）を確認できている。

⑸ 子どもたちが家族以外の人との食事をきっかけに、他の子どもどうしで遊んだり勉強

したりして、子ども自身の新しい発達・成長につながっている。

以上の指摘を受けとめれば、「子ども食堂」という試みが、何をどのように改善し実現しているか、つまり、子ども食堂は多面的な機能と目的をもつ現代の新しい市民運動であること、に改めて気づかされる。しかも、その特性からいって何より、5番目の増田（敬祐）論文でも強調された、「安全基地としての地域社会」づくりの重要な一環となる可能性が高い。だからこそ、子ども食堂には「食事提供だけでなく、コミュニティの拠点としての役割を担うこと」が中心になってくるだろう、という筆者の抱負が、今やいっそう現実味をおびてきているし、また、そういう方向での新たな活動の発展を期待したいと思う。

【補足】

最後に、読者の誤解を避けるために、以下のことを補足しておきたい。

スマホ・ゲーム依存の子どもたちに対して、一方で、増田彰則論文と増田敬祐論文は、子どもたちを依存症に陥らせないように、主として「予防」「規制」の側面を重視し、またその方策を提案している。他方、松本宏明論文と西村道明論文は、スマホ・ゲームにはまってしまっている子どもたちに対して、機器をとり上げ・制限するという措置ではなく、彼らに寄り添いつつ、漸次的に機器依存からの脱却を支援する対応を提示している。両者は表面的には対立かつ矛盾する主張のように見えるが、力点のおき方や対象年代の違いであって、矛盾してはいないことをご理解いただきたい。

前者は、子どもを守るために、幼児期ではスマホにふれさせない、10歳までに機器使用のルールを家族で決め協力して実行する、という提案であり、依存症レベルにまで達してしまった子どもたちから強いて機器をとり上げたり、依存症から脱却するため彼らに寄り添うことを否定しているわけではない、からである。後者も、いったん依存症レベルにまでいたった子どもたちには、機器にのめり込まざるをえない彼らの寂しさ・空しさをよく理解し、その心に寄り添い、親への支援をふくめて、当人にたいするねばり強い支援を続けることの大切さを語ってはいるが、予防の大切さを十分理解するがゆえに、幼少期からスマホ・ゲーム機器を与えることを勧めているわけではない、からである。

この「まとめ」を締めくくるにあたって、本書『危機にある子育て環境』の編集・制作に専念し、多大な労力を注いでくださった「オフィス　ジェイ・ビー」の大迫秀世氏に心からの感謝を申しあげたい。多くの執筆者とのねばり強いやりとりをつうじて、この本が読みやすく、かつ社会的にも有意義な性格をもつほどのものになったのは、なにより氏の誠実なお骨折りのおかげである。

（たねむら　かんじ：鹿児島大学名誉教授／前鹿児島県立短大学長）

# あとがき

鹿児島医療・社会・倫理研究会 代表世話人　増田　彰則

最近、心療内科を受診する子どもの姿が変化してきていることに気づかされる。相手の目を見て話せない、自分の気持ちや思いを言語化して伝えられない、椅子にじっと座っていられない、音や臭い・人との関係に異常と思えるほど過敏に反応する、自分に都合の悪い話題になると相手を威嚇するような目で睨《にら》む、などの行動である。同伴してきた親は、子どもの隣で憔悴《しょうすい》しきった表情でうつむいている。

このような診察室の実態を多くの人に知ってもらうことを目的に鹿児島医療・社会・倫理研究会を立ち上げることにした。鹿島友義先生（医師・南風病院顧問）を本研究会の顧問とし、種村完司先生（哲学・鹿児島大学名誉教授）、平川忠敏先生（心理教育・鹿児島大学名誉教授）、有川賢司氏（社会・元南日本新聞社常務取締役）、堀内正久先生（医師・鹿児島大学教授）、井上従昭氏（住職・妙行寺）、胸元孝夫先生（医師・志學館大学教授）

を世話人に迎え、その方々の理解と協力のもと年1回、市民公開講座を開催している。

これまで4回にわたり開催してきたが、子どもが変化している背景には睡眠不足とゲーム・スマホ依存の問題があることが分かり、この問題について重点的に取り組んできた。その成果をまとめたのが本書である。読むとお分かりになると思うが、本書は医療だけでなく、社会や倫理の視点からもアプローチしている。そのため「危機にある子育て環境」をより多角的に捉え、いま、子どもの環境で何が問題となっており、その問題を解決していくには、どのように考え、行動すればいいのか、専門の先生方に執筆していただいた。課題も多々あるかと思うが、それらについては今後の本研究会の糧とすることでご容赦願いたい。

最近は市民公開講座だけでなく、依存症予防の一環として幼稚園や小・中・高校に出向き、夜更かしによる睡眠不足の問題とゲーム・スマホの長時間使用の問題について、先生や父母、子どもたちに直接話しかけている。その回数は、この3年間で100回をこえた。その結果、学校やPTA、教育委員会、子育て中の親の間で問題が共有されるようになり、連携して子どもを守ろうとする地域での取り組みも出てきた。今後は、その地域の一つである、鹿児島県薩摩郡さつま町で、子どもの睡眠と脳を守るための取り組みを実践し、その効果について継時的に調査していく予定である。

子どもは、社会の宝であり将来への希望でもある。子どもをしっかり育て上げるのは親と社会の大事な責任である。赤ちゃんが、この世に生を受けて初めて出会う母親と父親、そしてその親をサポートする周囲が協力して無条件の応答と愛情を注ぐことが、子どもには何よりの心の宝になる。今一度、その原点に立ち返って子どもの環境を考えることが時代に求められている。

多忙にも関わらず、惜しみない協力と貴重なアドバイスをいただいた世話人の先生方に感謝申し上げます。さらに市民公開講座で講演し、それを論文にしていただいた松本宏明先生、西村道明先生、津田勝憲先生、増田敬祐先生、森司朗先生、齋藤美保子先生に深謝致します。また、コラムを寄稿された川畑美佳氏、中学校の夏休み課題で取り組んだ研究を発表した大野まどかさん、精力的に子育て支援と啓発活動に取り組んでおられるさつま町子ども支援課の鍛治屋勇二課長、並びにさつま町教育委員会社会教育課の早﨑行宏課長補佐にも深謝致します。なお、発刊にあたり序文をご寄稿賜りました鹿島友義先生、的確で分かりやすい解説を書いていただいた種村完司先生に感謝申し上げます。

市民公開講座で総合司会を担当し、スムーズな運営に務められた山下協子先生、および増田クリニックのスタッフの皆さん、受付や進行係にボランティアで参加した鹿児島女子短期大学の学生の皆さんにも感謝致します。

最後に短い期間で迅速に編集作業に当たられた大迫秀世氏にお礼を申し上げます。氏の協力があったからこそ、出版までこぎつけることができたと思います。途中、無理難題をお願いすることもありましたが、それを快く理解し、受け入れていただきありがとうございました。

２０１９年７月　増田クリニック院長

# 執筆者プロフィール（掲載順）

**増田 彰則（ますだ　あきのり）**
増田クリニック院長。医学博士。専門は心療内科、小児心身医学。痛みや疲労、家族と病気、子どもの心身症、ネット・ゲーム依存を研究。2003年韓国慶熙大学に留学。
宮崎医科大学医学部卒業。2006年鹿児島大学医学部ストレスケアセンター心身医療科講師を経て現職。
著書:『家族の機能不全と子どもの心』教育と医学 2019年（共著)、『子どもの睡眠障害と低年齢化するネット・ゲーム・スマホ依存』時の法令 2017年（共著）など。

**松本 宏明（まつもと　ひろあき）**
志學館大学准教授。教育学博士。臨床心理士・公認心理師。専門は家族療法・短期療法、ゲームやアルコールなどアディクションの支援。
東北大学博士課程修了。児童相談所や病院、クリニックの心理士、スクールカウンセラー等を経て2012年から現職。2016年から増田クリニックでゲーム依存の家族会を開催。
著書：論文に「心療内科クリニックにおけるゲーム依存家族会の実践報告」子どもの心とからだ 2019年、「プンダイアローグが照らし出す臨床心理学の専門性『不確かさに耐えること』をベイトソンの学習Ⅲとして捉える試み」志學館大学人間関係学部研究紀要 2017年

**西村 道明（にしむら　みちあき）**
元京セラ中央研究所所長。2011年から嘱託で研究開発の支援、技術アドバイス、若手育成等に従事。
大阪大学大学院理学研究科物理学専攻修士・博士課程終了。西ドイツ テュービンゲン大学ポスドク、カナダ マクマスター大学ポスドク。
京セラ総合研究所解析技術開発部責任者を経て、2004年京セラ総合研究所所長。2010年から京セラ中央研究所所長。

**津田 勝憲（つだ　かつのり）**
宇都宮大学国際学部附属多文化公共圏センター研究員。農学修士。鳥獣管理士。栃木県生物多様性アドバイザー。専門は日本の里山からアフリカの地域研究まで多岐。
東京農工大学大学院修了。2013年から宇都宮大学国際学部附属多文化公共圏センター研究員（現職)。
著書：論文に「タンザニアにおける薬用植物知識の地域性と多層性」宇都宮大学国際学部研究論集 2019年（共著）など。

**増田 敬祐（ますだ　けいすけ）**
東京農業大学嘱託助教、大阪府立大学客員研究員。博士（農学）。専門は環境倫理学、共生社会思想。環境と人間、持続可能性、未来世代と責任、子どもと環境について研究。
東京農工大学大学院連合農学研究科博士課程修了。東京農工大学非常勤講師を経て現職。
著書:『自然といのちの尊さについて考える』ノンブル社 2015（共著）。論文に「和辻倫理学における個と全体の構造」比較思想研究 2017年（第30回比較思想学会研究奨励賞）、「『子どもを育てる』ことに関する〈通時性の倫理〉の現代的意義」総合人間学 2015年など。

**森 司朗（もり　しろう）**
鹿屋体育大学体育学部教授。理事・副学長。博士(医学)。専門はスポーツ心理学。
東京学芸大学大学院教育学研究科保健体育専攻。鹿屋体育大学体育学部助手、東京学芸大学教育学部幼児教育学科助教授を経て現職。
著書：『子どもの身体活動と心の育ち』建帛社1999年（共著）、『幼児の心理と保育』ミネルヴァ書房2001年（共著）、『はじめて学ぶ乳幼児の心理』有斐閣ブックス2006年（共著）、『スポーツ心理学辞典』福村出版2008年（分担）など多数。

**齋藤 美保子 （さいとう　みほこ）**
鹿児島大学水産学部研究員。鹿児島大学教育学部家政専修准教授を歴任。2018年南日本新聞客員論説委員。
日本女子大学人間生活学研究科人間発達学(博士課程後期)満期退学。
著書:論文に「生活設計教育における『人生すごろく』づくりの意義」日本家庭科教育学会誌1999年（共著）、「被服教育のなかにおける伝統文化の授業開発」教材学研究2008年、「複式学級における家庭科の学び」鹿児島大学教育学部教育実践研究紀要2011年など。

**種村 完司（たねむら　かんじ）**
鹿児島大学名誉教授。鹿児島県立短期大学名誉教授。博士（社会学）。
京都大学文学部、京都大学大学院博士課程修了。鹿児島大学教育学部教授、副学長、鹿児島県立短期大学学長を歴任。
著書:『近世の哲学者たち』三和書房1979年(共著)、『哲学のリアリティ』有斐閣1986年（共著)、『「豊かな日本」の病理』青木書店1991年（共著)、『知覚のリアリズム』勁草書房1994年、『心－身のリアリズム』青木書店1998年、『コミュニケーションと関係の倫理』青木書店 2007年、『「葉隠」の研究』九州大学出版会2018年など多数。

危機にある子育て環境
子どもの睡眠と低年齢化するゲーム・スマホ依存
鹿児島医療・社会・倫理研究会編

2019（令和元）年７月26日　初版発行

編　著　者　　増田　彰則
発　行　所　　南日本新聞社
制作・発売　　南日本新聞開発センター
〒892-0816　鹿児島市山下町9-23
TEL 099(225)6854

ISBN978-4-86074-276-8　　定価：1,500円＋税
C0037 ￥1500E